スポーツでひろげる国際理解 ①

どこでどうはじまった？スポーツ

監修：**中西哲生**（スポーツジャーナリスト）

第1巻 どこでどうはじまった？スポーツ

　みなさん、スポーツは好きですか？　大好き！という人も、ちょっと苦手だという人もいるでしょう。この本はどちらの人にもおもしろく読んでもらえるように作りました。スポーツは、本来すばらしくて楽しいものです。スポーツとは何でしょうか？

　どこで、どのようにはじまって、どういう風に変わってきたのでしょうか。また、最近では、お金がかかりすぎることや、薬などでずるいことをするドーピングなどの問題も起きています。いったい、どのように考えたらよいのでしょうか。

　スポーツには「勝ち負け」があるからおもしろいという人もいます。けんかではないのですから、勝ち負けを決めるためにはルールが大切です。スポーツごとにルールがあり、そのスポーツの特徴をよく表しています。また「勝ち負け」よりも、人と競わないで体を動かすことが好きだという人もいますよね。それもスポーツを楽しむということに変わりはないのです。

　いい声で歌をうたう歌手はすばらしいし、おもしろい物語を書く作家はすごいなと思いますよね。それと同じようにスポーツ選手は、新記録を出したり、見たこともない技を決めたりして、みなさんをおどろかせたり、感動させたりします。この巻を読むとスポーツのはじまりがわかり、「スポーツってすばらしい」と思いますよ。

中西哲生
（スポーツジャーナリスト）

もくじ

1章　スポーツの起こり

スポーツのはじまり
スポーツって何？ ……………………… 4

いろいろなスポーツの起こり
スポーツはどこから ……………………… 6
フットボールのはじまり ………………… 8
アメリカ生まれのスポーツ ……………… 10

日本生まれのスポーツ
日本がはじまりのスポーツ ……………… 12

プロスポーツの発生
プロスポーツの誕生 ……………………… 14

競わない・楽しむためのスポーツ
登山は競わないスポーツ？ ……………… 16

2章　ルールの意味

スポーツにはなぜルールがあるの
- オフサイドはどうしてあるの？ ……… 18
- ルールの番人・審判員 ……… 20

アンチドーピング
- 絶対してはいけないドーピング ……… 22

チャレンジ！スポーツクイズ ……… 24

3章　スポーツを追求する

記録の追求
- 陸上・水泳の記録の移り変わり ……… 26
- 世界がおどろいた大記録 ……… 28

技の追求
- 採点系種目の技の追求 ……… 30
- 勝つための技術の追求 ……… 32

スポーツ道具の歴史
- 日本の町工場で生まれる技術 ……… 34
- シューズやウエア、ボールの変化 ……… 36

スポーツを支える人々
- 大所帯で動く日本代表 ……… 38

スポーツと環境・バリアフリー
- スポーツ遺産を今後どう使うか？ ……… 40

日本スポーツ地図
- J1・J2リーグとプロ野球のホームスタジアム… 42
- おもなスポーツ大会・スポーツ自慢のまち …… 44

さくいん ……… 46

コラム
- 体罰（暴力的指導）はレッドカード ……… 5
- イギリスで生まれたおもなスポーツ ……… 7
- なぜ「サッカー」というよび方に？ ……… 9
- ヨーロッパで生まれたハンドボール ……… 11
- e-スポーツって何？ ……… 17
- テニスのチャレンジ制度 ……… 21
- 第1回オリンピックでマラソンを走った女性 27
- ウルトラC ……… 31
- スタッフ全員にグローブを贈った青木選手 39
- 冬季オリンピックの開催はむずかしい？… 41

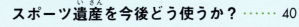

スポーツのはじまり
スポーツって何？

スポーツの語源は「気晴らしをする」

　スポーツは楽しいものです。いやいややっているのではスポーツとはいえません。

　スポーツという言葉は、もともとラテン語の「デポルターレ deportare」（運び出す、仕事や義務から離れる）がフランスに伝わって、「デスポール desport」（気晴らし、レジャー）となり、英語をつうじて日本に入ってきたものです。

　気晴らし、楽しみ、遊び、娯楽、余暇（レジャー）──などが、もともとのスポーツの意味です。身体を動かす運動はもちろん、自分が楽しむもの、自由に考えてプレーするものがスポーツです。英語の「プレー」にも、競技をする、遊ぶ、（楽器を）演奏するなどのさまざまな意味がありますね。「かくれんぼ」や「かんけり」もスポーツなのでしょうか？

　欧米では、チェスや囲碁・将棋、カードゲームもスポーツと考えられています。オリンピックでも「文化行事」として、絵や彫刻などの展示会が行われていたことがあります。最近では、コンピュータを使った対戦ゲームを、「e-スポーツ」（eは電子的の略）といういい方もします。

　このように、スポーツという考え方は幅広い、豊かなものなのです。

体育とスポーツは別のもの

　スポーツを見ることや、登山やハイキングは大好き、1人でジョギングしたり、泳いだりすることも好きなのに、体育はどうも苦手という人もいるかもしれませんね。

　日本語では「体育」と混同されることが多いスポーツですが、体育とスポーツはちがうものです。学校教育と結びついた「体育」という言葉には、「決められた通りに動く」「指導者のいう通りにやる」といったイメージがつきまとってきました。

　明治時代にスポーツが入ってきたとき、日本語には当てはまる言葉がなく、最初は「遊技」「遊戯（遊びのこと）」などと訳されました。ところが、軍隊の兵学校や一般の学校の科目として「遊び」では困るため、「体術」「体練」「体操」などとよばれました。このころ、体育の目的は、男子は強い兵隊になるため、女子は子どもをたくさん産める母親になるためなどでした。第一次世界大戦のあとには、体育に「軍事教練」も加えられました。第二次世界大戦後、軍隊からもどった一部の教師

1章　スポーツの起こり

ここにかかれている絵で、やったことがあるスポーツがいくつあるかな？

や卒業生により、暴力的指導（体罰）が学校体育や部活動にもちこまれることもありました。

「体育」という名前は、第二次世界大戦後に教育基本法で学校の科目として採用されましたが、体練や教練の時代のなごりを引きずりやすい側面もありました。

最近では、指導者の一方的指導、精神主義、強制的などのマイナスイメージをなくすため、体育を「スポーツ」とよびかえようという考えが広がってきました。将来は、学校の科目も体育からスポーツにしようという提案もスポーツの専門家などから出されています。

体罰（暴力的指導）はレッドカード

コーチや先輩が選手をたたいたりけったりすることを「体罰」といいますが、これは暴力です。国際的な「子どもの権利条約」でも、日本の「学校教育法」などの法律でも禁止されています。学校の外でも他人をなぐったら、つかまります。体罰も犯罪です。

選手をなぐって上手になったり、速く走れるようになるわけではありません。スポーツの指導方法、練習方法としてもまちがっています。

本来、「楽しむためのもの」であるスポーツで、暴力をふるってはいけません。サッカーなどの試合中に相手をなぐったら「反スポーツ的行為」としてレッドカード（退場）です。もちろん、ボクシングなど、なぐることがルールで決まっている格闘技はのぞきます。

いろいろなスポーツの起こり

スポーツはどこから

人類は古くからスポーツ（のようなもの）を楽しんできました。しかし、その多くは、古代オリンピックや日本の相撲などのように、「神さまに見せるためのもの」だったり、ごく一部の人たちの娯楽だったりしました。

きちんとルールが決まったのは、19世紀なかばから後半にかけてです。おもにイギリスのパブリックスクール（日本の中学・高校にあたる寄宿舎制の学校）の学生や卒業生がルールを定め、近代スポーツが誕生しました。

最古のスポーツはレスリング？

人類は、誕生してすぐにスポーツのような遊びを発明したと考えられます。記録に残っているもっとも古いものは、紀元前2600年ごろのレスリングです。メソポタミア文明の「ギルガメシュ叙事詩」のなかに、王さまがレスリングのようなゲームをしたと書かれています。

次に古い記録はエジプトのもので、紀元前2400年ごろの王さまの墓に、レスリングの絵が描かれています。同じころ、ホッケーのような遊びの絵も残されています。

スポーツの大会が開かれた古い記録は、紀元前776年の古代ギリシャのオリンピックです。レスリングのほか、やり投げ・円盤投げ・徒競走・走り幅跳びの陸上競技などが行われ、優勝者の名前もわかっています。4年に一度のオリンピックは、戦争を一時中止して開催されたことから、平和の祭典とされ、その精神は近代オリンピックにも受けつがれました。

中国では、紀元前3世紀の記録に、「蹴鞠」という12人がひとつのチームでボールをうばいあうゲームのことが書きのこされ、国際サッカー連盟はこれを「世界最古のサッカーの一種」と認定しています。日本に伝わった、地面に落とさないようにボールをけりあう「蹴鞠」とは、同じ漢字ですが、少しルールがちがっていたようです。

▲紀元前776年の古代ギリシャのオリンピックを描いた絵です。神話に登場する神がレスリングを見ています。　写真:gettyimages

▲古代ギリシャのオリンピックで陸上競技などが行われた競技場は、現在ものこっています。　写真:PIXTA

1章 スポーツの起こり

近代スポーツは19世紀から

いまわたしたちが親しんでいるスポーツの多くは、19世紀にヨーロッパやアメリカで生まれました。

イギリスは、19世紀から20世紀前半にかけて世界最強の大帝国として世界に進出しました。そのため、イギリスの船乗りや技術者、教師、軍人などが、サッカーやクリケットなどのスポーツを世界中に広めました。

アメリカでは、ラグビーからアメリカンフットボールが生まれるなど、スポーツは独自の発展をします。1890年代にはバレーボールとバスケットボールが、アメリカで考案されました。

イングランド・フットボール協会（FA）が結成された1863年、日本はまだ江戸時代でした。ヨーロッパやアメリカから日本にスポーツが紹介されるのは、まだ先のことです。

オリンピックはイギリスの学校見学から

フランスの教育者クーベルタンは、1883（明治16）年、20歳のときに教育制度を研究するためにイギリスを訪問しました。そのときラグビー校でスポーツと出会い、スポーツこそ「青少年を元気にし、社会を強くする」と考えました。

➡ P.8「ラグビー校」

▲アテネで行われた第1回オリンピック（1896年）の陸上競技100mのスタートの様子です。クラウチングスタートのアメリカの選手が優勝しました。　写真:gettyimages

その後、古代ギリシャのオリンピックを研究し、1892年に「オリンピックを復活させよう」と提案しました。このとき、29歳でした。2年後、これに賛成する人たちが国際オリンピック委員会を結成、1896（明治29）年に、第1回近代オリンピックをアテネで開催します。

最初は14か国241人の小さな大会で、男子だけの参加でしたが、回を重ねるごとにオリンピックは大きく成長しました。現在では200以上の国と地域から、1万1000人をこえる選手が参加する、世界最大のスポーツ大会になっています。

イギリスで生まれたおもなスポーツ

- サッカー
- クリケット
- テニス
- バドミントン
- ゴルフ
- ラグビー
- ポロ
- カーリング
- ダーツ
- 競馬　など

▲クリケット

◀カーリング

◀ポロ

写真:PIXTA

いろいろなスポーツの起こり

フットボールのはじまり

世界で一番人気のあるスポーツはサッカーともいわれます。「サッカー」とよんでいるのは日本やアメリカなど一部の国だけで、ほとんどの国で「フットボール（足＋ボールの意味）」とよばれています。

サッカー（フットボール）のはじまり

フットボールのはじまりには、ローマ帝国起源説からバイキング起源説まで、いろいろな説があります。はっきりしているのは、イギリスで遅くとも12世紀には広く行われていたということです。なぜわかるかというと、各地の王さまが禁止令を出していたからで、その文書が証拠です。

当時のフットボールは、村どうしの対抗戦でした。数百人が参加し、家をこわしたり畑を荒らしたりしました。死傷者もめずらしくなかったので、「モブ（暴れん坊）フットボール」とよばれました。日本にも、おみこしをぶつけ合ったり、「ご神体」をうばいあう乱暴な村祭りがありますが、イギリスのフットボールはそれに似ていました。

現代サッカーへの道のり

そのフットボールを学校でもやろうと、ボール遊びをはじめたのがパブリックスクールの生徒たちでした。初めは学校ごとにルールがちがったので、試合のたびに取り決めをしなければなりませんでした。その後、大学に進学した卒業生たちが話し合い、全国組織のイングランド・フットボール協会（FA）を結成し、1863年に統一ルールを決めたものが、現在のサッカーです。

この統一ルールが決まるまでのほとんどのルールは、ボールを手でさわってもよいことになっていました。ちがいは「飛んできたボールをたたき落とすだけ」「キャッチしてもよい」「ボールを持ったまま走ってもよい」かどうかでした。また、相手の足をけってもよい（ハッキング）というルールもありました。いま考えると、びっくりしますね。

1863年の統一ルールは、「ボールをキャッチしてもよいが、持って走ってはいけない」「相手の足をけってはいけない」でした。その後、ゴールキーパーとスローイン以外は手を使わないことになりました。

ラグビーのはじまり

ラグビーは、正式にはラグビー・フットボールといいます。ラグビー校という学校でやっていたフットボールが広がったので、「ラグビー」とよぶのです。この学校のフットボールは「ボールを持って走ってもよい」「相手の足をけってもよい」というルールでした。これがサッカーとラグビーが分かれた大きな理由になりました。

1871年に全国組織としてラグビー連盟（ラグビー・フットボール・ユニオン）が結成されるとき、「足をけるのは禁止しよう」ということにな

◀ボール遊びをする中世のイギリスのパブリックスクール生徒たち。パブリックスクールは、経済的に豊かな家の子どもたち（13から18歳）が学ぶ寄宿舎制のエリート校。

ボールを持てば、前でも後ろでも、どこでも自由に走れるのがラグビーの楽しいところだよ！

写真:gettyimages

1章　スポーツの起こり

りました。しかし、ラグビー校では「足をけってもよい」ルールを続けたため、ラグビー連盟にラグビー校が入らないという、変なことになってしまいました。ラグビー校が加入したのは、20年近くもあとのことでした。

いろいろなフットボール

フットボールからは、いろいろな競技が生まれてきました。

ラグビーには、日本に伝わった15人制のラグビー（ユニオン式）のほかに、イギリスやオーストラリアで人気の13人制のラグビー（リーグ式）もあります。

ラグビーは、ボールを前に投げることはできませんが、アメリカに伝わって「アメリカンフットボール」になるとルールが変わり、司令塔のクオーターバックが前に投げる、パス攻撃ができるようになりました。

アメリカンフットボール（11人制）のほかにも、カナディアンフットボール（カナダ、12人制）、オーストラリアンフットボール（18人制）などがあります。

▲アイルランドのゲーリックフットボール。手足を使って、ボールを相手ゴールに入れる球技です。16～17世紀ごろに発生し、現在のフットボールの原型になったという説もあります。
写真:gettyimages

また、アイルランドのゲーリックフットボール（15人制）は、丸いボールを使うところはサッカーに似ていて、手でボールを持って進んでよいところがラグビーに似ています。昔のフットボールが、イギリスとはちがう変化をしてきたものと考えられています。

本場のヨーロッパや南米では、サッカーのことをフットボールといってるね!?

なぜ「サッカー」というよび方に？

イギリスでフットボールのルールが統一されたのは1863年。そのときからサッカーは「アソシエーション・フットボール（＝フットボール協会方式）」とよばれました。「サッカー」という言葉は、「アソシエーション」を当時のイギリスの学生言葉で短くしたものです。日本でもスマホやコンビニという略語があるのと同じです。

当時のイギリスでは「ソッカー」と発音していたようです。サッカーに変化したのは、アメリカに伝わってから。アメリカ英語ではサッカーと発音するからです。イギリスではすたれましたが、アメリカ、カナダ、オーストラリアなどでは、いまも「サッカー」とよびます。

日本では、「フートボール」「蹴球」などいろいろな名前でよばれてきました。日本サッカー協会も初めは「大日本蹴球協会」という名前でした。20世紀初めにサッカー部がつくられた慶応大学では、現在も「ソッカー部」が正式の名前です。早稲田大学は「ア式蹴球部」（アソシエーション式フットボール部）といいます。

日本の「サッカー」は、関西の愛好家が英語の入門書を日本語に翻訳したときに、アメリカ英語専門の先生に相談したので「サッカー」と訳したのがはじまりとされます。そして第二次世界大戦後、「蹴」が当用漢字から外れたこと、日本を占領したアメリカ軍が「サッカー」を学校で教えるようすすめたことなどから、サッカーという名前が定着しました。

いろいろなスポーツの起こり

アメリカ生まれのスポーツ

イgiriスだけでなくアメリカからも、いろいろな球技が生まれました。アメリカ生まれのスポーツは、ルールが合理的に決められています。ここでは、4種類の球技が生まれた背景と広がった理由を調べてみましょう。

写真：PIXTA

アメリカンフットボール

アメリカで最も人気のあるスポーツのひとつであるアメリカンフットボールは、ラグビーが変化してできたスポーツです。大学生に人気があり、初めはイギリスと同じようにさまざまなルールでプレーしていました。その後、次のようなルール変更があり現在の形になってきました。
・ラグビー式のスクラムを廃止（1880年、組み合わず並んで向かいあうスクリメージを採用）
・前方へのパスを認める（1906年）
・プロテクターを使用する（1915年ごろ、最初は革製のヘッドギヤ）

前方へのパスは、1905年シーズンに18人の選手が死亡し、大統領がフットボール禁止令を出そうとしたため、なんとかフットボールを存続させる安全策として考えられました。「密集状態を減らす」ためのルール改正のひとつです。

ベースボールの誕生

野球は、ヨーロッパで生まれた「ラウンダーズ」（ボールを棒で打ち、3か所の木の杭をまわる遊び）が発達したものです。アメリカで、ラウンダーズから「タウンボール」に、それがさらに「ベースボール」になりました。ラウンダーズは、いまもイギリス（46cmのバットを片手で持つ）やアイルランド（70cmから1mのバットを使う）などで行われています。

アメリカで、18世紀後半に「ベースボール」という名前の競技をしていたという記録がありますが、おそらく現在の野球とはちがうものだったでしょう。レジャーとして楽しむため、「ピッチャーはアンダーハンドで打ちやすいボールを投げる」「バッターは高めか低めかを注文できる」というルールがありました。打ちやすいボールが来るまで何球でも待つことができ、完全にバッター有利でした。19世紀中ごろまでのベースボールは「打者対野手」のゲームだったのです。

ベースが現在のような「1、2、3塁とホームベース」の形になったのは1845年。9人制・9イニングになったのは1857年と記録にあります（ニューヨーク式ベースボール）。

とくに大きな変化は、見送った場合でも打ちごろの球はストライクを宣告（1858年）、打ちにくいボール9回で1塁へ（フォアボールの原型、1879年）、ボール9回をボール4回に（フォアボールになる、1889年）などで、19世紀後半には現在に近いルールに変わります。

ベースボールは、おもにマサチューセッツ州やニューヨーク州などアメリカ北東部で盛んに行われていましたが、南北戦争（1861～65年）で南部をふくむアメリカ全土に広がりました。

バスケットボール

バスケットボールは、冬の厳しいマサチューセッツ州のYMCA訓練校（現在のスプリングフィールド大学）で、サッカーの代わりに、室内でもできるスポーツとして考えられました。

体育館でサッカーをやると、強いキックで壁がこわれます。なんとかならないかと考えたジェームズ・ネイスミスという体育の先生が、1891年に考案しました。ゴールの代わりに桃の収穫用の

1章　スポーツの起こり

丸い木製のかご（バスケット）を使うことを思いつき、さらに強いシュートができないように、かごを3mの高さにしました。また、サッカーでは許される、タックルや、肩で相手の肩を押すショルダーチャージは禁止されました。ボールを持って歩くこともできません。ドリブルが認められたのは、1897年のことです。

最初の試合は9人対9人、サッカーボールを使ったそうです。木のかごは、得点のたびにはしごに登ってボールを取らなければならなかったため、すぐに底に穴があけられました。やがて金属の筒が使われ、現在のようなネットになったのは、20年以上もたった1912～13年ごろです。

その後、学校の卒業生がアメリカ各地で教え、さらにアメリカ軍の訓練用のスポーツとして採用されたことで、バスケットボールはアメリカから世界中に広まりました。ヨーロッパに伝わったのは第一次世界大戦（1914～18年）のときです。日本には1909（明治42）年ごろ、YMCA訓練校の日本人卒業生によって伝えられました。

バレーボール

バレーボールは、女性や子ども、中高年でもやりやすい、「バスケットボールよりもおだやかなスポーツ」として考えられました。

発明したのは、バスケットボールを発明したネイスミス先生の教え子で、同じく体育の先生になったウィリアム・モーガンという人です。1895年のことでした。

はじめは「ミントネット」という名前で、バドミントンを参考にしたのがわかります。ボールを落とさないように打ちかえすゲームだから「ボレー」にしたらどうか、という提案が認められ、「ボレーボール」という名前になりました。「ボレー」はサッカーのボレーキックと同じ語源（アメリカ式発音でバレー）です。

人数は両チーム同じであれば何人でもよく、現在は3回以内と決まっている相手コートに返すまでの回数も、決まっていませんでした。

国際的には、現在と同じ、ローテーションする6人制が中心です。日本には、ルールがよく決まっていなかった1908年ごろに伝えられ、「16人対16人」「12人対12人」の試合がありました。

現在まで残っているのは日本独自の「9人対9人」（9人制バレーボール、ポジションは自由）と、国際ルールの6人制です。日本の9人制バレーは、2010（平成22）年まで国民体育大会の正式種目でした。現在も、9人制トップリーグなどの大会は続けられています。

写真:PIXTA

ヨーロッパで生まれたハンドボール

バスケットボールやバレーボールが誕生したのと同じ19世紀末、ヨーロッパではハンドボールが生まれました。ドイツやデンマークなど北欧で、ラグビーやサッカーをもとに、女子にもできるスポーツとして考え出されたものです。

手でボールを持ったりパスしたりはいいけれど、持ったまま3歩以上歩いてはいけないなど、できたときから現在の形に近いルールでした。ただし人数は、9人制、11人制、16人制などさまざまでした。しだいに7人制が主流になり、1967（昭和42）年から国際ルールでは7人制になりました。

ハンドボールに似たゲームは、古代エジプトの壁画に描かれるなど、古い歴史があります。またハンドボールという名前の別の競技は欧米各地にあります。素手でボールをたたく壁打ちテニスやスカッシュのような競技です。それと区別するために、7人制ハンドボールは、「チームハンドボール」「オリンピックハンドボール」などとよばれることがあります。

日本生まれのスポーツ

日本がはじまりのスポーツ

日本で生まれたスポーツを知っていますか？　柔道や相撲、剣道、弓道など伝統的な種目のほかに、「日本でくふうされた」ものが世界に広まり、国際大会が開かれるようになった駅伝や競輪などの種目があります。また、本場ヨーロッパの用具が手に入らなかったことからはじまり、発展した種目に、ソフトテニス（軟式テニス）やゲートボールなどがあります。

相撲―神話の時代から続く。ラジオ放送で近代化

相撲は、日本の神話に登場するほど古くから、寺社の奉納や祭りとして行われていました。初めて土俵が考え出されたのは江戸時代です。最初は四角、その後、現在のような円形になりました。明治維新で、裸体禁止令（人前ではだかでいると罰せられる）が出て行われなくなった時期もありました。東京と大阪でべつべつに行われていましたが、1927（昭和2）年に合併して大日本相撲協会が設立されます。

翌年ラジオ放送がはじまり、これをきっかけに制限時間などのルールが整備されていきました。当時は１年に4場所で、現在のように6回開くようになったのは1958年からです。

アマチュア相撲は、1952年に初めて全日本相撲選手権が行われました。いまでは剣道のような段位制度もあります。

日本の伝統的スポーツ、武術から武道へ

柔道や剣道など武道系のスポーツは、武士の習う武芸から生まれました。古くから伝わる「武芸十八般」のなかには、手裏剣、鎖鎌など忍者が使ったものや、十手術、薙刀、棒術など、さまざまなものがありました。

柔道

柔道はオリンピック種目の「JUDO」として国際語になりました。もとは武芸のうち、刀や槍が折れたときに素手でたたかう柔術でした。「柔」ともいいました。

柔術にはさまざまな流派がありましたが、嘉納治五郎が1882（明治15）年に開いた講道館流が警視庁で採用され、全国に広がりました。段級位制度は囲碁・将棋を参考にし、1900年ごろには「一本」（当時は一本2回で勝ち）など判定のルールも整備されていきます。海外でもさかんになり、1964（昭和39）年の東京大会からオリンピック競技になりました。その後、体重別の階級制、女子柔道、国際試合のカラー柔道着などの変化もありました。

写真:PIXTA

空手

空手は沖縄で発達した武芸で、明治以降に日本各地に広まりました。琉球王国時代から護身術として伝えられていた沖縄では、対戦をしないで基本技を見せる「型」と「組み手」が中心でしたが、本土では、寸止め、防具、フルコンタクト（直接打撃）、その他さまざまな空手の流派が生まれました。空手は韓国に伝わり、1950年代に韓国の伝統武芸（テッキョン）も取り入れてテコンドーが生まれました。

合気道

合気道も、柔術から生まれました。合気道は、1920（大正9）年、柔術家の植芝盛平が京都に植芝塾を開いたのがはじまりです。古武道・柔術の流れ

1章　スポーツの起こり

をくむ大東流合気柔術から攻撃的な技を取りのぞきました。

合気道は、基本的に試合がないことが、ほかの武道と大きく異なります。植芝流、合気武術などの名前から、1948（昭和23）年に「合気道」が正式の名前になりました。

剣道

剣道は、武士の剣術の竹刀稽古から生まれたものです。割った竹を革袋でおおった「袋竹刀」が16世紀に生まれ、また江戸時代に面、小手などの防具が考案されました。明治以降、竹刀に防具着用、有効打（面、小手、胴、突き）一本の決まり、下半身への攻撃禁止など、現在に近いルールができました。第二次世界大戦後は禁止されていましたが、1952（昭和27）年に全日本剣道連盟が結成され、スポーツとしての剣道がはじまりました。

なぎなた

武器の薙刀は実戦でよく使われましたが、戦法の変化ですたれました。薙刀術

写真:PIXTA

は、明治時代に女子の心身鍛練の武道として復活し、1920年代からは高等女学校などで採用されました。女子中心の競技になった背景には、男尊女卑の考えで剣道から女子が排除されたことや、静御前や巴御前など歴史上の女性が薙刀の名手だったという「伝説」があったと考えられます。

競技としては、剣道連盟から全日本なぎなた連盟として独立しました。最近ではマンガの影響もあり、「なぎなたブーム」が起きています。

日本生まれのスポーツ

武道系以外の日本生まれのスポーツは、本来の用具が手に入りにくいなどの事情から生まれたものが、少なくありません。

ソフトテニス（軟式テニス）

テニスが日本に伝わったころ、テニス用具はすべて輸入品でとても高価でした。ソフトテニスは、1885（明治18）年ころ、体操伝習所（いまの筑波大学）でゴムボールを使ったのがはじまりです。国際的には硬式テニスが主流ですが、日本では中学・高校をはじめ数百万人の競技人口があります。東アジアを中心に海外にも広がり、国際大会も多く開催され、アジア競技大会では1994（平成6）年から正式競技になっています。

ゲートボール

ゲートボールは、物資が不足していた敗戦直後の1947（昭和22）年、子どもの遊びとして北海道で考え出されたスポーツです。当時はゴムボールが手に入らなかったので、木をけずって作れる道具だけで遊べるのが利点でした。当時、日本にいた外国人が遊んでいた、イギリスのスポーツ「クロッケー」を参考にして、道具を手作りしました。

1960年代後半以降は、老人クラブで大人気になり、日本中で行われるようになりました。

ケイリン（競輪）

競輪も敗戦後、1948（昭和23）年にはじまったものです。戦災復興・公営住宅建設の資金を集めるため、公営競技（ギャンブル）として競馬を参考に、5人以上が同時にスタートする新しい自転車競技が考えられました。オリンピック種目にも採用され、国際的にも「KEIRIN」とよばれています。英語では「キーイリン」に近い発音です。

なお、同じころに競輪と同じ目的の公営競技として、競艇（ボートレース）もはじまっています。

エキデン（駅伝）

駅伝も日本生まれのスポーツです。1917（大正6）年の東京遷都50年記念競走（京都－東京間）が最初でした。定期大会は、1920年の東京箱根間往復大学駅伝競走（箱根駅伝）からです。

奈良時代の駅馬制・伝馬制にならって「駅伝」とよばれています。日本国内で国際駅伝大会も開かれてきましたが、日本以外ではあまり知られていません。

プロスポーツの発生
プロスポーツの誕生

高校野球のスター選手がプロ野球チームに入団すると、いまだと18歳で「契約金1億円、年俸1500万円」くらいがもらえます。一方、プロ野球に進まないアマチュア野球の選手は、職業やアルバイトなどの仕事をべつに持っていて、スポーツ収入はないのがふつうです。プロフェッショナル（職業）スポーツ選手はどのようにできてきたのでしょうか？

プロスポーツのはじまり

スポーツで生活するのがプロだとすれば、18世紀なかばに見物客の入場料で経営していた日本の大相撲は、世界でもかなり早い時期のプロスポーツといえるかもしれません。同じころ、イギリスでは領主などの富裕層（スポンサー）がボクシング選手をやとい、どちらが勝つかの「賭け」試合を主催していました。

現在のプロスポーツに近いものは、19世紀末からはじまります。当時のイギリスでは、スポーツを楽しむ人々は貴族や資産家など上流階級が多く、一般的に「スポーツでお金をかせいではいけない」と考えられていました。スポーツはアマチュアにかぎる――これを「アマチュアリズム（アマチュア主義）」といいます。

一方、労働者など庶民は、仕事を休んで試合に出るなら、その分の日当（欠勤手当）がほしいと考えていました。しかし、スポーツで収入を得ることは、アマチュアリズムの立場からはとんでもないことでした。こうしたなか、労働者に人気のあるサッカーで、最初にプロがあらわれました。プロの試合に数千人から1万人もの観客が集まり、入場料で選手に給料が払えるほどだったのです。1885（明治18）年、イングランド・フットボール協会（FA）も激論のすえ、プロチームの大会参加を認めました。

同じころ、アメリカでもプロスポーツが誕生します。1876年にプロ野球のナショナルリーグが発足、続いて1892年にアメリカンフットボール、1900年ごろにアイスホッケー、1920年ごろにバスケットボール、と「メジャースポーツ」が出そろいます。

▼賭け試合にもなったベアナックルボクシング（素手によるボクシング）の様子。ボクシングの原型とされています。

写真：deansomerset.com

お金持ちが、強い人をやとって賭けをしていたのが、プロボクシングのはじまりなのかな。

1章　スポーツの起こり

▶高校・大学・会社などで野球をやっているときはアマチュア選手。プロ野球球団に入団してからプロ選手とよばれます。写真はプロ野球日本ハムの2017年新入団発表会見。一番左はドラフト1位の清宮幸太郎選手。新入団7人の内訳は、高校から4人、大学から2人、社会人から1人です。

写真:産経ビジュアル

　サッカーでは、イギリスに続き、1920年代にイタリア、オーストリアなど当時の強豪国で、1930年代にアルゼンチン、ウルグアイなど南米でプロ化が進みました。ドイツやオランダのプロ化は意外に遅く、1950〜60年代でした。日本のJリーグは、1992（平成4）年からです。

　そのほかのスポーツでは、オリンピックがプロの出場を長いあいだ認めなかったこともあり、プロ化は遅れました。

　また、テニスの全英オープン（ウィンブルドン）が賞金を出すようになったのは、1968（昭和43）年が最初です。優勝賞金は現在の価値で300万円程度でした。ゴルフでも、賞金付きPGAツアーがはじまったのは同じ1968年でした。

セミプロ─プロとアマチュアのあいだ

　プロでもアマチュアでもない選手、または両方である選手をさして「セミプロ」とよぶことがあります。スポーツで収入を得てはいるが、それだけで生活できるほど多くはなく、ほかにも仕事（アルバイト）を持っている状態をいいます。

　セミプロの語源は、19世紀末のアメリカの野球にあります。引きぬき禁止など協定にしばられない選手をさして「プロの基準に満たない」との意味で「セミプロ」とよんだのですが、いまでは

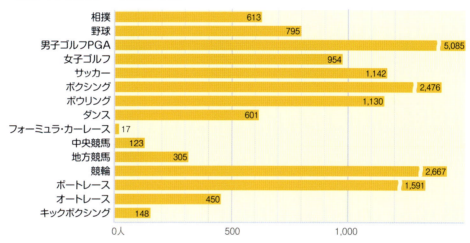

日本のプロスポーツ選手の数

相撲	613
野球	795
男子ゴルフPGA	5,085
女子ゴルフ	954
サッカー	1,142
ボクシング	2,476
ボウリング	1,130
ダンス	601
フォーミュラ・カーレース	17
中央競馬	123
地方競馬	305
競輪	2,667
ボートレース	1,591
オートレース	450
キックボクシング	148

（日本プロスポーツ協会資料より）

別の意味として使われるようになりました。

　日本の社会人野球で、会社から給料をもらってはいるが、営業、経理、製造など正規の仕事はしていない選手、または午前中3時間のみ仕事といった選手も、実質的には「セミプロ」です。日本では「プロ野球選手ではない」という意味で「ノンプロ」とよんでいます。日本の他のスポーツでも、「○○会社所属」を名乗り、必要な生活費や遠征費用などを、その会社からもらっている選手もいます。これもある意味では「セミプロ」的です。

　スキーでは、本場のヨーロッパには数億円相当の収入を得るスター選手がいます。彼らは、ワールドカップを全部勝っても賞金は合計で数百万円程度ですが、スポンサーと契約して多額の収入を得ているのです。スキーばかりでなく、陸上や水泳などでも「プロ宣言」する選手の多くは、スポンサー収入を得てやりくりしているのです。

15

競わない・楽しむためのスポーツ

登山は競わないスポーツ？

スポーツのもともとの意味は「楽しむこと」ですから、いろいろな種目や形があります。ハイキングやキャンプなども広い意味のスポーツです。ヨーロッパやアメリカでは、チェスや「GO（囲碁）」もスポーツだと考えられています。最近では、コンピュータ・ゲームの大会が、「e-スポーツ」として何万人も観客を集めて開かれています。世界には、どんなスポーツがあるのでしょうか。

自然にチャレンジする登山

高い山の多くは、昔から神や鬼・悪魔などがすんでいる場所とされ、「信仰や恐れの対象」でした。ヨーロッパのアルプスも「登頂は不可能」と考えられていました。

近代的登山がはじまったのは18世紀末、スイスの貴族が「マッターホルンに登ったものに賞金を出す」と、よびかけたのがきっかけでした。

それから約100年後、1865年にイギリス人のウインバーがマッターホルン初登頂に成功したことで、ヨーロッパの高峰は、ほぼ踏破されました。その後の挑戦は、アンデスのアコンカグア、ヒマラヤのエベレスト、K2など他の大陸の高峰や、南極点・北極点到達などの探検へと広がっていきます。冒険家たちの登山は、だれがどの山に初登頂するのかという国の威信をかけた競争にもなり、大きな関心を集めました。

マッターホルン（4478m）。山頂はスイスとイタリアの国境が通っています。
写真:PIXTA

競技登山

競技としての登山を知っていますか？ 現在の競技登山は、フリークライミングが中心です。フリークライミングとは岩登りのことで、ロープを使うリードと、使わないボルダリングの種目があります。これとは別に、かつての競技登山には、荷物10kgを背負った山岳マラソンの「縦走競走」、3日間ほどの時間で計画通りの登山を実行し、スピードより正確性などに判定基準が置かれる「踏査」がありました。

踏査種目は、インターハイ（高校総体）では現在も実施されています。ヨーロッパにオリエンテーリングという、指定地点を順番にまわる野外競争（クロスカントリー）があります。踏査種目は、これを参考に作られた登山種目で、装備が十分か、体調をくずしていないか、決められた地点を順番に通過したか、計画通りに下山できたか、などを採点する日本独特の種目です。

写真の田部井淳子さんがやっているのはスポーツクライミング。2020年の東京オリンピックの新競技になったよね。

写真:毎日新聞社

田部井淳子さん（1939～2016年）

1975年、女性で初めて世界最高峰エベレスト（8848m）の登頂に成功しました。その後、女性で世界初の七大陸最高峰登頂者ともなりました。山岳環境保護団体の代表をつとめ、また東日本大震災（2011年3月11日）の被災者支援活動などを行いました。「女性が楽しむ」ための山歩きの普及にも力を注いでいました。

1章　スポーツの起こり

レクリエーションとしての「競わないスポーツ」

登山を競技としてやっているのは、700万人近い日本の登山人口のほんの一部、数千人にすぎません。ほとんどの登山愛好家は、楽しみのために山に登ります。

「1年に1回以上」やったことがある、というスポーツ調査では、日本のスポーツ人口の第1位は「ウォーキング」、2位が「ピクニック・登山」、3位がラジオ体操など「器具を使わない体操」、以下「ジョギング・マラソン」「水泳」「トレーニング」と続きます。勝ち負けではなく、自分の楽しみや健康のためと考えられます。

登山をふくめ、競技スポーツよりも、レクリエーションとして「競わないスポーツ」を楽しんでいる人のほうが圧倒的に多いのです。

	余暇活動種目	参加人口（万人）
1	国内観光旅行（避暑、避寒、温泉など）	5,330
2	ドライブ	3,880
3	動物園、植物園、水族館、博物館	3,110
4	遊園地	2,000
5	帰省旅行	1,910
6	ピクニック、ハイキング、野外散歩	1,680
7	催し物、博覧会	1,380
8	海外旅行	1,100
9	海水浴	730
10	登山	650

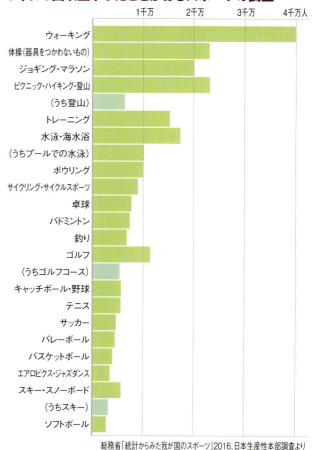

1年に1回以上やったことがあるスポーツの調査

総務省「統計からみた我が国のスポーツ」2016、日本生産性本部調査より

e-スポーツって何？

ヨーロッパやアメリカの新聞では、チェスや囲碁などのゲームもスポーツ欄にのっています。ダーツ、ビリヤードなども、もちろんりっぱなスポーツです。

最近では、コンピュータ・ゲームの「e-スポーツ（エレクトロニック・スポーツ）」が、アメリカやヨーロッパ、アジア（韓国・中国）で大人気です。決勝大会には数万人の観客が入り、世界中で4億人がネット中継を見るといわれます。プロは年収1億円以上をかせぐこともあり、2011（平成23）年から世界選手権が行われています。e-スポーツを毎週プレーする人は世界中で9000万人といわれます。

e-スポーツは、アメリカで開かれた大会の出場者に、アメリカ政府が「スポーツビザ」を発行して入国を認めたことで話題になりました。関係者は「20世紀の機械文明の上にF1が誕生したのと同じく、e-スポーツはハイテク時代に生まれたスポーツ」と話しています。

e-スポーツは、2022年に中国の杭州市で開催されるアジア競技大会での正式種目に決まっています。

スポーツにはなぜルールがあるの

オフサイドはどうしてあるの？

スポーツには、なぜルールがあるのでしょう。
スポーツをするとき、ルールをよく知っていれば、知恵をはたらかせて相手選手より有利に立ったり、くふうして自分の技術をのばしたりできます。スポーツを見るときにも、細かいところまでルールがわかってくると、もっとおもしろく見られるようになります。

ルールの意味を知る

スポーツのルールは、おもに、①どうやって勝ち負けを決めるかをはっきりさせるため、②選手の安全のため、③競技をおもしろくするため、などのためにあります。

勝ち負けに関して、汚いこと、ひきょうなことをしないという「フェアプレー」もスポーツの大切な一部です。そのために、何をしてはいけないかの反則もルールで決められています。

反則（禁止行為）はケガの防止、安全のためでもあります。最近決められた、野球のランナーとキャッチャーの衝突をふせぐ「コリジョンルール」や、サッカーの「後ろからのタックル禁止」（レッドカード対象）などは、危険なプレーを減らすのが目的です。

オリンピック競技では、各種目の判定をわかりやすくするためのルール改定や、スピード化のためのルール改定が進んでいます。柔道着のカラー化など、最近のルール変更はテレビ視聴者を意識したものも多くなっています。

オフサイドの誕生

サッカーやラグビーなどの独特のルールに「オフサイド」があります。オフサイドは「いてはいけない場所（オフサイドポジション）でプレーする反則」です。

「ボールを持っている選手よりも前に出てはいけない」のが、オフサイドの基本的な決まりです。そのためラグビーでは、ボールは前に投げられません。サッカーでは少しゆるやかで、自分と相手ゴールとのあいだに相手選手が2人以上いれば、プレーすることができます。

どうしてこのようなルールができたのでしょうか。サッカーとラグビーのルーツである、イギリスの古い「フットボール」から考えてみましょう。

オフサイドルール

守備側のゴールキーパーから1人目の選手の位置から、ゴールラインと平行に引いた線がオフサイドラインです。オフサイドラインは、最後尾の守備側選手の位置によって変わってきます。攻撃側10番は、7番にパスを出すことができますが、9番にパスを出して、9番がパスを受け取ったり、受け取る動きをしたりするとオフサイドになります。

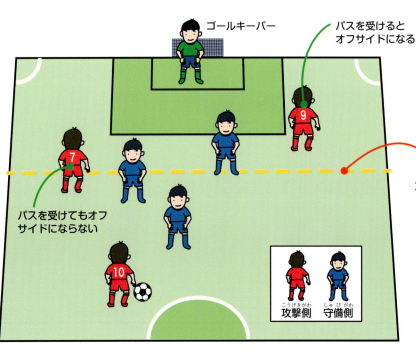

2章　ルールの意味

昔のフットボールは、村と村どうし、数百人ずつでボールをうばいあうもので、スポーツというよりは、お祭りでした。そこでは、ボールを先頭にして「集団でぶつかりあうのがフットボールだ」と考える伝統がありました。集団から離れて遠くへパスをするのは「密集をこわがるおくびょうもの」「ひきょうもの」と見なされました。

このように集団の前にいる者を「ひきょうもの」とみなす伝統が、19世紀に近代的フットボールのルールを決めるとき、「オフサイド」のルールのもとになったと考えられています。

オフサイド・ルールの変更から新戦術へ

サッカーのオフサイドのルールは、これまで2回、大きな変更がありました。

1863年にイギリスで統一ルールができたときには、ボールよりも前にいる選手は、全員がオフサイドでした。これではつまらないと、早くも3年後の1866年、「自分と相手ゴールラインのあいだに相手選手が3人以上いる場合はオフサイドではない」と、ルール改正が行われました（3人制オフサイド）。

1925年に「3人以上」が「2人以上」に改められ、現在のものに近いルールになりました。

2人制オフサイドになったことで、新しい戦術（フォーメーション）が生まれました。それまで2人しかいなかったディフェンスでは守りきれないので、3バック方式が考案されました（WMシステム）。これをきっかけに、3-4-3、4-2-4、4-3-3、4-4-2など、さまざまなフォーメーションが誕生することになります。

現在も続く伝統的なフットボール

現在でも古くからのフットボールを続けている町があります。イギリス中部のアッシュボーンという町では、カーニバル直前の2日間、午後2時から夜まで、またはゴールが決まるまで、数千人が参加してフットボールが行われます。「シュローブタイド・フットボール」といいます。

ルールは「相手を殺さないこと（傷つけないこと）」「持っているボールをかくさないこと」「ボールはオートバイなどの乗り物で運ばないこと」というだけの、おおざっぱなものです。ゴールの石をボールでトントントンと3回たたくことができたら、試合終了なのだそうです。

▼アッシュボーン（イギリス）で数千人が参加して行うシュローブタイド・フットボール。

◀1887年、アッシュボーンでゴールされたことが描かれたシュローブタイド・フットボールのボール

写真：Adrian Roebuck

ええっ、これもフットボールなの？

写真：gettyimages

スポーツにはなぜルールがあるの

ルールの番人・審判員

得点や試合の勝ち負けを判定したり、ルールがちゃんと守られているかチェックするのが審判です。とくにオリンピックなど大きな大会やプロの試合では、判定結果が選手の人生を左右することもあり、責任の重い仕事です。

審判のはじまりは？

古くは、イギリスのフットボールで中立の「ジャッジ」が置かれた（1581年）、織田信長が相撲大会で行司を置いた（1570年ごろ）などの記録がありますが、これらが「スポーツの審判」に当たるかどうかは議論が分かれます。

昔から、勝負を判定する役目の係は存在したと考えられますが、きちんと制度ができたのは19世紀になってからです。

レフェリーとアンパイアはどうちがう？

日本語で審判といいますが、英語では「レフェリー」と「アンパイア」という言い方があります。このふたつは、どちらもイギリス生まれです。

・レフェリー（サッカー、ラグビー、ボクシングなど。選手とともに動き回って判定する）

・アンパイア（野球、テニスなど。一定の場所から動かずに判定する）

19世紀前半、まだレフェリーはいませんでした。学校どうしの対抗試合では、両校の代表「アンパイア」が話しあう習わしでした。アンパイアは、もともと古いフランス語で奇数のことをいい、しだいに第三者を表すようになった言葉です。

アンパイアどうしで解決しない場合、記録・時計係の「レフェリー」の意見を聞いて決めました。「レフェリー」のもともとの意味は、参照される人、何か聞かれたら答える人というものです。

レフェリーは、1850年ごろにはグラウンドの中に入り、直接判定を下すようになります。そしてアンパイアは「ラインズマン（アシスタントレフェリー）」に形を変えました。レフェリーの規定は、1863年のサッカー最初のルールにはなく、1891年のルール改正でようやく正式に決まりました。

ホイッスルが使われる前、レフェリーはハンカチをふって合図をしていました。いまもアメリカンフットボールで反則のときに黄色い旗が投げられるのは、このハンカチが形を変えて使われているものです。

誤審をきっかけに進化する判定方法

世界で初めてビデオ判定を正式に取り入れたのは日本の大相撲です。1969（昭和44）年に横綱の大鵬が平幕力士に負けた「誤審」がきっかけでした。1秒16枚の写真画像をコマ送りにする「分

◀誤審があった1969年3月場所の横綱大鵬と前頭筆頭戸田の取り組み。大鵬（後ろ向き）の右かかとは俵にかかっていますが、戸田の右足はすでに土俵の外に出ていました。土俵の外の砂にあとが残っています。これで大鵬の連勝記録は45でストップしました。

写真：毎日新聞社

解写真」という技術を正確な判定に利用したのでした。当時はビデオテープ30分が数十万円もする時代で、ほかの競技には広まらなかったのです。

そのほかのスポーツでは、1980年代後半から2000年代にかけて、ビデオ判定やハイテク技術が採用されました。柔道では、2000（平成12）年のシドニー・オリンピックで日本の篠原信一選手が決勝で敗れた「誤審」がきっかけになりました。テニスでは「ホークアイ」という軍事用センサーを応用した判定システムが、2006年から使われています。

判定に疑問がある場合に、選手や監督などがビデオ映像の確認を要求できるしくみは、多くの場合、「チャレンジ制度」とよばれています。たとえば、テニスは「1セットに3回まで」、野球は「1試合に3回」などと、要求できる回数は決まっています。テニスではチャレンジに成功すると、残りの回数は減りません。

ビデオ判定に消極的だったサッカーでも、最近になってゴールの判定に機械判定システムが採用されました。それまでは、得点かどうかを専門に判定する審判を増やす方法がとられていました。

採点系種目は評価の細分化で公平化

体操やフィギュアスケートなど、演技のできばえを競うスポーツを「採点系種目」とよぶことがあります。採点系種目は、審判員の好みに左右される余地が大きかったため、「技」と「レベル」を細かく分類して点数をつけるやり方に改善し、不公平にならないようにくふうしています。

一方、アルティメットというフライングディスク（フリスビー）で得点をきそう競技では、現在でも審判を置いていません。選手の自主申告にまかせる、めずらしい例となっています。

ルール変更のたびに不利になった日本のノルディック

ルールが変わるたびに、不利になったり有利になったりする種目があります。

ノルディックスキーの複合競技（コンバインド）は、前半のジャンプの得点（飛んだ距離と飛型点）を時間に換算し、後半のクロスカントリー（距離）のスタート時間に差をつけます。ジャンプが得意で「距離」が苦手な選手にとっては、ジャンプでかせいだ得点1ポイントあたりの時間差が大きいほど有利。逆に「距離」が得意な選手は、ジャンプ1ポイントの時間差が小さい方が有利です。

日本には伝統的にジャンプの得意なタイプの選手が多いのですが、これまでの換算式の変化をみると、1990年代に1ポイント当たり6.7秒だったものが2006（平成18）年に4.0秒に変更されました。「日本が勝てないようにルールを変えているのでは」と疑いたくなるような変更だったのです。そんな不利な状況のなかで、渡部暁斗選手は2014年のソチ・オリンピックと2018年の平昌オリンピックで、銀メダルに輝きました。

テニスのチャレンジ制度

①相手のショットをA選手は、アウトと判断しましたが、審判はインと判定しました。

②A選手は自分の判断に自信があるので、審判に「チャレンジ」を要求しました。

③センサーを使ったカメラの映像は、アウトだったことを場内の電光掲示板に示しました。

④A選手は、チャレンジに成功し、ポイントを取りました。

アンチドーピング

絶対してはいけないドーピング

　オリンピックのたびに、ドーピングによる出場停止やメダルの取り消しなどが問題になります。ドーピングは薬物を使ってよい成績をあげようとする不正行為です。スポーツのルール上、ひきょうで許されないだけでなく、選手自身の健康や生命にもかかわる大問題です。発覚すれば、永久追放などの厳しい処分がくだされます。それだけでなく、これまで何人もの選手がドーピングで死んだり、健康を害して引退したりしています。

とても危険なドーピング

　ドーピングにはさまざまな種類・方法があります。おおまかにいって、次のように分けられます。
・興奮剤や鎮静剤などの薬物で、心臓や神経系、筋肉などの働きを一時的に変えること
・筋肉増強剤などで、身体をつくりかえること
・検体（尿や血液）をすりかえたり、検査そのものを拒否する妨害行為

　ドーピングには副作用があり、一番こわいのは心臓マヒです。薬物によって能力をこえて身体を働かせるので、心臓が過剰な負担にたえられなくなるのです。他にも、内臓の病気、頭の毛がぬける、女子選手にヒゲが生える、生理が止まるなどの副作用が知られています。

オリンピックで死亡事故が

　パフォーマンス（技や身体の働き）を高める薬物は、古代ギリシャ時代からあったといわれます。薬物が大きな問題になったのは、1960（昭和35）年、ローマ・オリンピックの自転車競技で、興奮剤を飲んで参加した選手が死亡した事件からです。

　当時の技術では検査がむずかしいということもありましたが、1968年のグルノーブル冬季オリンピックと夏のメキシコ・オリンピックから検査が義務づけられました。世界アンチ・ドーピング機構（WADA）も1999（平成11）年に設立されました。

　しかし、次から次と新しい薬物が開発され、検査のがれのテクニックも巧妙になり、ドーピングは続いてきました。たとえば、冷凍保存した自分の血液を大会直前にもどす、尿検査直前に膀胱に他人の尿を注射器で注入するなどです。

　ドーピングがなくならない理由のひとつは、スポーツに巨額のマネー、お金がからんできているからだと考えられています。

◀ 1988年9月26日、ソウル・オリンピック陸上男子100m決勝で、カナダのベン・ジョンソン選手（写真中央）は9秒79の世界新記録で、ロサンゼルス・オリンピックの勝者アメリカのカール・ルイス選手（右端）を破りました。しかし翌日、違反薬物の筋肉増強剤の使用が明らかになり、金メダルをはく奪されました。

写真：アフロ

かぜ薬も気をつけないと

禁止薬物の多くは、かぜ薬などふつうの医薬品にもふくまれています。試合前30日以前に届け出れば、服用可能の場合もあります。公式戦に出る場合、医薬品やサプリメント（栄養補助食品）については医師に相談すべきでしょう。

2007（平成19）年、サッカー日本代表の我那覇和樹選手（当時川崎フロンターレ）は、栄養剤の点滴でJリーグからドーピングの疑いをかけられました。結局3000万円以上の裁判費用と2年という時間をかけて、無実の判決を勝ちとりましたが、そのあいだ試合に出場できず、日本代表からも外れ、取り返しのつかない損害を受けました。

中高生のドーピング

ドーピングは、中学生や高校生の選手にも関係のあることです。未成年にはとくに有害で、重い後遺症がのこることがあります。

国体（国民体育大会）などの全国大会では、1988（昭和63）年から中高生にもドーピング検査が行われています。おもに試合後のぬき打ち尿検査です。夏の炎天下など、水分不足で何時間も尿が出にくいことがありますが、おしっこが出る前に「電車の時間がありますので」と帰ってしまったら失格になります。

摂食障害の危険性と薬物

ドーピング対象の禁止薬物以外でも、使わないほうがいい薬物がいくつもあります。たとえば、「ふとり恐怖症」から「やせるサプリ」などを日常的に使っていると、食べることが恐くなり、摂食障害（拒食症）を引き起こすことがあります。

摂食障害は、日常生活が苦しくなり、そこから逃げるための自傷行為や犯罪などにむすびつく場合もあるなど、とてもおそろしい病気です。

スポーツでも日常の生活でも、薬やサプリメントを自分1人の判断で使用するのはやめましょう。必ず、医師や専門家に相談しましょう。

※ドーピングの語源は不明です。①南部アフリカ原産の幻覚剤「Dope（ドープ）」②オランダ語のスラングで麻薬を意味する「Doop（ドープ）」など、いくつかの説があります。

2章 ルールの意味

ドーピングをしないために！

● 医薬品に注意する

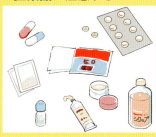

禁止の薬がふくまれているかもしれないね。心配だなあ。

● まちがって違反薬物を飲まない

まちがっても、禁止成分が入った薬を飲まないでね。

● サプリメントにも注意する

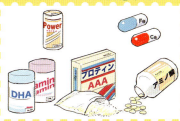

サプリメントもいろいろあるけど、ドーピング違反の成分がふくまれているかも。

● ネットでサプリメントを安易に買わない

かんたんにインターネットの通信販売で買えるのが恐いね。

● スポーツファーマシストに相談する

ドーピングの専門家に相談してから、薬やサプリメントを使うこと！

最新のアンチ・ドーピング規則に関する知識を持っている薬剤師がスポーツファーマシストです。日本アンチ・ドーピング機構が認定する資格です。

チャレンジ！スポーツクイズ

1 「スポーツ」という言葉のもともとの意味はなに？
- A．気晴らし
- B．きたえる
- C．指導する

2 次の近代スポーツのうち、アメリカで生まれたスポーツはどれ？
- A．バレーボール
- B．ゴルフ
- C．テニス

3 海外で、新しいスポーツとして大会が開かれるようになっている「e-スポーツ」ってなに？
- A．チェスや囲碁
- B．ウォーキング
- C．コンピュータゲーム

4 テニス、野球などで導入が進んでいる「チャレンジ制度」とは、なんのこと？
- A．再試合請求
- B．ビデオ確認請求
- C．審判交代請求

5 外国人レスラーに「空手チョップ」で立ち向かい、敗戦後の日本人を勇気づけたプロレスラーは？
- A．力道山
- B．ジャイアント馬場
- C．アントニオ猪木

6 いまもアメリカ大リーグで尊敬されている、史上初のアフリカ系大リーガーは？
- A．ベーブ・ルース
- B．サチェル・ペイジ
- C．ジャッキー・ロビンソン

7 ホームラン日本記録をもつ王貞治さんが、高校生のとき国民体育大会に出られなかった理由は？
- A．甲子園の優勝がない
- B．日本国籍でない
- C．高校の出席日数不足

8 1968年のメキシコ・オリンピック、陸上競技の表彰台でアメリカ選手たちが抗議したのは、なにについて？
- A．性差別
- B．人種差別
- C．障がい者差別

9 戦争で中止になった夏季オリンピックはベルリン大会（1916年）、ロンドン大会（1944年）。もうひとつは？
- A．パリ大会（1924年）
- B．ロサンゼルス大会（1932年）
- C．東京大会（1940年）

10 4者連続三振をうばって来日した大リーガーをおどろかせ、戦争で亡くなった悲運の剛速球投手は？
- A．スタルヒン
- B．川上哲治
- C．沢村栄治

11 1936年のベルリン・オリンピック。初出場の日本サッカー代表が強豪スウェーデンを破ったできごとは？
- A．ベルリンの栄光
- B．ベルリンの奇跡
- C．ベルリンの輝き

12 さまざまな流派があった柔術を講道館柔道として一本化し、世界に広めた「柔道の父」は、だれ？
- A．福沢諭吉
- B．大隈重信
- C．嘉納治五郎

13 1960年代、日本サッカーの基礎づくりに力をつくし、「日本サッカーの父」とよばれているのは？
- A．ジーコ
- B．イビツァ・オシム
- C．デットマール・クラマー

14 1960年代、加藤明さんが女子バレーボール代表を世界の強豪にきたえあげた国は？
- A．ペルー
- B．ポーランド
- C．キューバ

15 リオデジャネイロ・オリンピックの7人制ラグビーで、初めての金メダルを獲得した国は？
- A．マルタ共和国
- B．フィジー共和国
- C．トンガ王国

難問ばかりだけれど、すべてこの「スポーツでひろげる国際理解」シリーズ（全5巻）のなかに書かれていることばかり。挑戦してみてね。答えは、47ページにあります。

⑯ 1970年代のアメリカと中国の国交正常化に、大きな役割を果たしたスポーツは？
A．体操
B．バレーボール
C．卓球

㉑ 引き受ける国がなくなるのでは、と心配されるほどお金のかかるオリンピック。一番の収入源は？
A．放映権料
B．広告料
C．入場料

㉖ オリンピックの提唱者で「近代オリンピックの父」とよばれるクーベルタン男爵は、どこの国の人？
A．イギリス
B．フランス
C．ギリシャ

⑰ アメリカ大リーグで年間最多奪三振を2回、ノーヒットノーランを2回記録している日本人投手は？
A．野茂英雄
B．松坂大輔
C．黒田博樹

㉒ プロ野球の選手が日本からアメリカ大リーグに移籍するときの方法。大谷翔平選手が利用したのは？
A．フリーエージェント
B．ポスティング
C．自由契約

㉗ 過去8回のラグビーワールドカップで最多優勝（3回）をほこる、ラグビー強豪国は？
A．ニュージーランド
B．オーストラリア
C．イギリス

⑱ 高梨沙羅選手が出場した2013年-14年のスキージャンプのワールドカップは、何月から何月まで？
A．10月～1月
B．11月～2月
C．12月～3月

㉓ オリンピックがはじまったころに、正式競技にあったものは？
A．綱引き
B．ぼうたおし
C．玉入れ

㉘ ワールドベースボールクラシック（WBC）。優勝したことのある国は？
A．メキシコ
B．韓国
C．ドミニカ共和国

⑲ 日本の高校にスポーツ留学し、オリンピックのマラソンで金メダルを獲得したケニア人の陸上選手は？
A．ダグラス・ワキウリ
B．サムエル・ワンジル
C．エリック・ワイナイナ

㉔ サッカーのワールドカップ。その第1回の開催国となった南アメリカの国は？
A．アルゼンチン
B．パラグアイ
C．ウルグアイ

㉙ テニスの4大大会（グランドスラム）のコートのうち、芝のコートはどの大会？
A．ウィンブルドン
B．全仏オープン
C．全豪オープン

⑳ 日本の小平奈緒選手も学びに行った、スピードスケートで圧倒的な強さをほこる国は？
A．オランダ
B．ノルウェー
C．カナダ

㉕ この優勝トロフィーは、どの大会のもの？
A．マスターズ
B．F1世界選手権
C．サッカーワールドカップ

㉚ パラリンピックに発展する、障がい者のための初めてのスポーツ大会で行われた競技は？
A．馬術
B．アーチェリー
C．射撃

25

記録の追求

陸上・水泳の記録の移り変わり

陸上競技や水泳（競泳）は、記録がはっきりと数字にのこるスポーツです。一定の距離を、走る、跳ぶ、投げる、泳ぐという、ごまかしのきかないシンプルな種目ばかり。結果が記録という数字にのこるだけに、だれにでもわかりやすく、また選手にとっては、ある意味で厳しい競技でもあります。長い時間を通して見ると、人類全体の記録への挑戦の歴史が見えてきます。

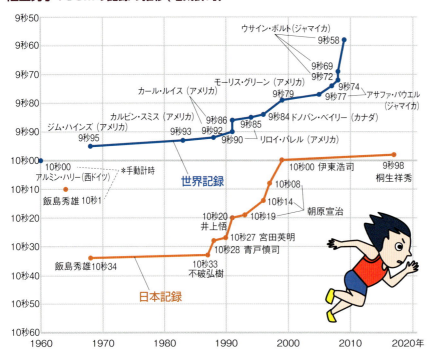

桐生祥秀選手が日本人として初の9秒台を出しました。

1964（昭和39）年の東京オリンピック当時に飯島秀雄選手が出した日本記録は10秒1（手動計時）。それから伊東浩司選手が1998年（平成10）年に記録した10秒00（電気計時）まで34年、さらに桐生選手の記録まで約20年かかりました。

＊「手動計時」はストップウォッチによる計測、「電気計時」はセンサーなどの装置を使った計測です。1968年から電気計時になりました。

陸上100m——こえてみれば壁などなかった

陸上男子100mには、長いあいだ「10秒の壁」という言葉がありました。人類が10秒以下で100mを走るのは不可能、という消極的な考えでした。

世界記録で見ると、10秒0（手動計時）が1960（昭和35）年に記録され、8年後のメキシコ・オリンピックで9秒台が初めて出ます。ジム・ハインズ選手（アメリカ）が出した9秒95は、高地で空気抵抗が少なかったためとされます。そして1983年、平地で初の9秒97をカール・ルイス選手（アメリカ）が記録し、人類には10秒の壁などなかったことがやっとわかりました。その後、およそ120人の選手が9秒台で走り、2009年、ジャマイカのウサイン・ボルト選手の驚異的な世界記録、「9秒58」が生まれました。カール・ルイス選手の記録から26年、最初の10秒0からは49年かけて生まれた世界記録でした。

日本では2017（平成29）年、

男子マラソン「2時間の壁」突破は時間の問題

初めてのマラソンは、1896年の第1回アテネ・オリンピック。現在の42.195kmより短い約40kmで行われ、優勝タイムは2時間58分50秒でした。それから約120年、世界記録はケニアのデニス・キメット選手が2014（平成26）年のベルリンマラソンで出した2時間2分57秒まで短縮されました。「2時間の壁」突破は時間の問題というところまできています。

一方、長いあいだ「女子にはマラソンは無理」とされていました。オリンピックで女子マラ

3章　スポーツを追求する

ソンが採用されたのは1984（昭和59）年のこと。それ以降、男子の記録との差はどんどん縮んでいます。女子マラソンの「2時間15分の壁」も遠からず突破する選手が出るでしょう。

泳ぐたびに世界新——競泳の記録

競泳は、1896年の第1回アテネ・オリンピックから採用され、男子100m自由形の優勝記録はハヨシュ・アルフレード選手（ハンガリー）の1分22秒2（82秒2）でした。120年後のリオ・オリンピック（2016年）では、カイル・チャルマーズ選手（オーストラリア）の47秒58が優勝記録です。

1896年の会場はプールではなく、アテネ近くのピレアス港のヨットハーバーだったため、単純に比較はできませんが、2倍近いスピードに短縮されています。

競泳は、人類がもっとも記録を伸ばした競技といえるかもしれません。泳ぎ方だけでなく、プールの波が立たなくなるような仕組みや水着の改良など、さまざまな工夫がされてきました。

2008（平成20）年には、フィルム素材で身体をしめつけるレーザーレーサーという新型水着で世界記録が続々と生まれました。しかし新型水着は2010年に禁止され、一方で記録は有効とされたため、もはや新しい世界記録は生まれないのでは、と心配されました。しかしリオ・オリンピックでは、新しい世界記録が9種目で誕生。泳法やコンディショニングなどトレーニングの改良で、「新型水着世界記録」を乗りこえていけることが証明されました。

日本人はどんな種目で世界記録を出しているのかな？

日本選手がつくったおもな水泳世界記録
第二次世界大戦後　※2.00'4"は2分0秒4

種目（男子）	氏名	記録	日付
200m自由形	山中毅	2.00'4"	1961/8/19
400m自由形	古橋広之進	4.33'3"	1949/8/18
400m自由形	山中毅	4.16'6"	1959/7/26
800m自由形	古橋広之進	9.35'5"	1949/8/18
1500m自由形	橋爪四郎	18.35'7"	1949/8/16
1500m自由形	古橋広之進	18.19'0"	1949/8/16
100m平泳ぎ	古川勝	1.08'2"	1955/10/1
100m平泳ぎ	田口信教	1.04'94"	1972/8/30
100m平泳ぎ	北島康介	58'91"	2008/8/11
200m平泳ぎ	田中守	2.35'2"	1954/9/17
200m平泳ぎ	古川勝	2.31'0"	1955/10/1
200m平泳ぎ	北島康介	2.07'51"	2008/6/8
200m平泳ぎ	山口観弘	2.07'01"	2012/9/15
200m平泳ぎ	渡辺一平	2.06'67"	2017/1/29
100mバタフライ	石本隆	1.00'1"	1958/6/29
200mバタフライ	石本隆	2.20'8"	1955/10/1
200mバタフライ	長沢二郎	2.19'3"	1956/3/14

種目（女子）	氏名	記録	日付
100mバタフライ	青木まゆみ	1.03'34"	1972/9/1
200m背泳ぎ	田中聡子	2.28'2"	1963/8/4

2018年1月現在（「世界記録の変遷」など）

第1回オリンピックでマラソンを走った女性？

実は、男子のみの参加だった第1回オリンピックのマラソンに、こっそり参加した女性がいました。

ギリシャのスタマタ・レビシ選手（当時30歳）は、男子選手にまぎれてスタートしようとして止められたため、翌日に同じコースを走り、タイムは約5時間半。しかし競技場の中に入れてもらえず、記録も認められませんでした。

その後、1960年代まで女子がマラソンを走った記録はありません。初めて女子が走った1966（昭和41）年のボストンマラソンでは、まだ女子の参加が認められていなかったため、「同一コースをたまたま走った通行人」という扱いでした。

マラソン世界ベスト5と日本記録（男子）
※2.02'57"は2時間2分57秒

位	記録	氏名	国	大会	日付
1	2.02'57"	デニス・キプルト・キメット	ケニア	ベルリン	2014/9/28
2	2.03'03"	ケネニサ・ベケレ	エチオピア	ベルリン	2016/9/25
3	2.03'05"	エリウド・キプチョゲ	ケニア	ロンドン	2016/4/24
4	2.03'13"	エマニュエル・ムタイ	ケニア	ベルリン	2014/9/28
4	2.03'13"	ウィルソン・キプサング・キプロティチ	ケニア	ベルリン	2016/9/25
198	2.06'16"	高岡寿成	日本	シカゴ	2002/10/13

2018年1月現在（国際陸上競技連盟資料より）

マラソン世界ベスト5と日本記録（女子）

位	記録	氏名	国	大会	日付
1	2.15'25"	ポーラ・ラドクリフ	イギリス	ロンドン	2003/4/13
2	2.17'01"	メアリー・ケイタニー	ケニア	ロンドン	2017/4/23
3	2.17'18"	ポーラ・ラドクリフ	イギリス	シカゴ	2002/10/13
4	2.17'42"	ポーラ・ラドクリフ	イギリス	ロンドン	2005/4/17
5	2.17'56"	ティルネシュ・ディババ	エチオピア	ロンドン	2017/4/23
11	2.19'12"	野口みずき	日本	ベルリン	2005/9/26

2018年1月現在（国際陸上競技連盟資料より）

記録の追求
世界がおどろいた大記録

10秒の壁をやぶった男
　　　　—ハインズ（アメリカ）

　ジム・ハインズは、人類で初めて電気計時でも陸上100mの10秒の壁を破った選手。その時の記録は「9秒95」、1968（昭和43）年10月のメキシコ・オリンピックでのことです。この9秒95は、気圧が低く空気抵抗が少ないメキシコシティ（標高2250m）という条件にめぐまれたものでした。
　ハインズ選手は、高校までは野球少年でしたが、足が速く、陸上で大学に推薦入学しました。陸上競技を本格的にトレーニングしたのは、大学時代の4年間だけです。メキシコ・オリンピックでは、400mリレーでもアメリカのアンカーとして金メダルをとりました。

人間の頭をこえた男
　　　　—ビーモン（アメリカ）

　1968（昭和43）年、アメリカのボブ・ビーモン選手がメキシコ・オリンピック男子走り幅跳びで出した「8m90cm」は、驚異的な記録でした。
　それまでの世界記録を55cmも上まわるこの記録は、1991（平成3）年に世界陸上（世界陸上競技選手権）でマイク・パウエル選手（アメリカ）が「8m95cm」を出して破られるまで、23年間も世界記録であり続けました。しかもオリンピック記録は、現在もビーモン選手の出した8m90cmです。
　空気抵抗の少ない高地、メキシコシティという条件にもめぐまれましたが、ここしかないというタイミングをいかす集中力のたまものでしょう。
　跳んだ距離だけでなく、高さも2m近くを跳び、観客の頭上をこえて空中を歩いていたように見えたので、世界中でテレビ中継を見た人がおどろきました。

22年前の世界記録が現在も
　　　　—エドワーズ（イギリス）

　三段跳びはかつて日本の「お家芸」。第二次世界大戦前、オリンピックで日本人選手が3連覇しました（織田幹雄、南部忠平、田島直人選手）。田島選手の16m00cmが当時の世界記録です。現在ジョナサン・エドワーズ選手がもつ世界記録の「18m29cm」は、当時からは考えられない大ジャンプです。1995（平成7）年の世界陸上で出したこの記録が、現在も世界記録なのです。
　エドワーズ選手は勉強とスポーツの「文武両道」にすぐれ、大学では物理学を専攻しながら陸上競技を続けていました。キリスト教の信仰にあつく、1995年までは、日曜日の競技会を「安息日だから」と出場辞退して話題になりました。

陸上400mのチャンピオン
　　　　—ジョンソン（アメリカ）

　陸上で100mと200mを得意にする選手が多いなか、マイケル・ジョンソンは200mと400mを走るめずらしい選手でした。100mから200mまでの瞬発力と、400mから1500mまでの持久力はまったくちがう能力だからです。レース後半からの走りは驚異的で、世界記録も出しました。
　ジョンソン選手は1999（平成11）年の世界陸上で400mを4連覇、200mと4×400mリレーをあわせて金メダル9個となり、カール・ルイス選手をぬいて世界陸上史上最多の金メダル数となりました。しかし同僚選手の失格でリレーのメダルは剥奪、カール・ルイス選手と同数の8個となりました。

人類最速のランナー
　　　　—ボルト（ジャマイカ）

　ウサイン・ボルト選手は、短距離には高すぎる195cmの身長、脊椎側彎症（背骨が曲がる病気）でバランスが悪く、左右の歩幅が20cmもちがいます。少年時代は練習ぎらいで、陸上よりサッカーが好きでした。
　転機になったのは、19歳でドイツのサッカーチームのバイエルン・ミュンヘンのドクターからアドバイスを受けたことです。「上半身の筋肉を鍛えバラ

3章　スポーツを追求する

ンスを改善しろ。プロでやるなら、まじめにやれ。才能はあるのだから」といわれたそうです。3年計画での鍛錬がはじまり、下半身のケガが減りました。

3年後の2008（平成20）年、北京オリンピックで100mと200mの二冠。翌2009年の世界陸上で、9秒6を切る世界新記録「9秒58」を出しました。

公式戦300連勝の怪物
──カレリン（ロシア）

アレクサンドル・カレリン選手は、冬にはマイナス40℃以下になるロシアのノボシビルスクで育った、レスリングのグレコローマン130kg級の王者です。オリンピック3連覇、世界選手権9連覇、公式戦300連勝、1987年から2000年まで13年間無敗など数々の記録を打ち立てました。ソ連崩壊（1991年）の混乱期とかさなる時期に驚異的な成績です。国際レスリング連盟は「20世紀最高レスラー」の称号をあたえました。

北京オリンピックの男子100mで優勝したボルト選手（2008年）。
写真：AP／アフロ

身長191cm、体重130kg、背筋力400kg（成人男性平均の3倍）。筋肉のヨロイをまとった最強の男は、ふだんは物静かで詩集や哲学書を読み、大学院で学び、一時はロシアの国会議員もつとめました。

連勝連覇記録いろいろ

双葉山（相撲）69連勝は不滅の大記録。当時は年2場所制で、双葉山は3年間（1936年1月～39年1月）不敗。

大鵬（相撲）32回優勝。1961年から横綱在位10年間。ライバル柏戸との名勝負で「柏鵬時代」をきずき、大人気だった戦後の名横綱。

白鵬（相撲）大相撲の横綱として大鵬の大記録を破り、2017年に40回優勝を達成。モンゴル出身。

日紡貝塚（バレーボール）258連勝（1959年から66年）。「東洋の魔女」とよばれ、国内リーグ・海外遠征で連勝。現ユニチカ・フェニックス。

沢松和子（テニス）192連勝（1967～75年）。国内は無敵で世界四大大会にも参戦。ウィンブルドン女子ダブルス優勝。実質的日本女子テニスプロ選手第1号。

新日鉄釜石（ラグビー）1978年から日本選手権7連覇。「北の鉄人」の異名。洞口孝治、松尾雄治、千田美智仁などが日本代表に選出。現釜石シーウェイブス。

神戸製鋼（ラグビー）林敏之、平尾誠二など大学ラグビーのスター選手を要し、1988年から7連覇。日本選手権通算9回優勝は歴代最多。

吉田沙保里（レスリング）世界選手権13連覇、オリンピック3連覇、2016年リオ大会の決勝で敗れ、個人戦は206連勝でストップ。

伊調馨（レスリング）オリンピックで2004年アテネ大会から2016年リオ大会まで金メダル。女子では史上初のオリンピック4連覇。

山下泰裕（柔道）世界選手権95kg超級3連覇（他に無差別級優勝1回）、1977～85年に203連勝。ケガのため無敗のまま引退。

野村忠宏（柔道）男子60kg級。柔道史上初のオリンピック3大会連続金メダリスト（1996年アトランタ、00年シドニー、04年アテネ）。

谷亮子（柔道）世界選手権女子48kg級7連覇。旧姓は田村、「やわらちゃん」の愛称でよばれた。個人戦連勝記録は84。

中野浩一（自転車）世界選手権10連覇。競輪選手を続けながら世界選手権にも出場、個人スプリントで10連覇（1977～86年）。

読売ジャイアンツ（野球）9連覇（1965～74年）。セリーグと日本シリーズ9連続優勝（V9）。王、長嶋らスター選手がそろい大人気だった。

キューバ（野球）国際大会151連勝（1982～97年）。16年間負けず、オリンピックで3度優勝など圧倒的な強さをほこった。

フロイド・メイウェザー（ボクシング／アメリカ）デビュー以来負けなし50連勝で5階級制覇。1試合の報酬300億円（対パッキャオ戦）も有名。

エドウィン・モーゼス（陸上400mハードル／アメリカ）1976年のモントリオール大会予選からオリンピック、世界陸上など決勝レースで107連勝。

国枝慎吾（車いすテニス）世界四大大会41回優勝（車いす部門シングル21回、ダブルス20回）は歴代最多。個人でも109連勝。

内村航平（体操）オリンピック2連覇、世界選手権6連覇など、国内外の大会での個人総合優勝連続40回。

衣笠祥雄（野球）2215試合連続出場（1970～86年）で世界記録を更新、その後リプケン（大リーグ）にぬかれる。「鉄人」とよばれる。

ジャハーンギール・カーン（スカッシュ／パキスタン）個人競技での555連勝はあらゆるスポーツでの最多記録としてギネスブックに掲載。

金栗四三（マラソン）1912年ストックホルム・オリンピックで途中棄権。1967年にスウェーデン・オリンピック委員会から招待され、「54年8か月6日5時間32分20秒3」でゴールしたと宣言された。マラソンの世界最遅記録。

藤井聡太（将棋）プロ棋士として中学生でデビューし、史上最多の29連勝を記録した。

（2018年1月現在）

技の追求

採点系種目の技の追求

体操やフィギュアスケートなど「演技のできばえが、どれだけよかったか」を審判が判定するスポーツを「採点系種目」とよびます。タイムを競う陸上や競泳、得点を競うサッカーや野球と異なり、審判の主観が入りこむため、採点方法や結果について対立し、国際問題に発展したこともありました。近年では、技を細かく数値化し、客観的な判定ができるよう改善されています。

名前がつけられる体操の技

体操の技は、最初に成功させた選手の名前でよばれます。最近では、床運動の「後方伸身2回宙返り3回ひねり」は「シライ3」とよばれ、床運動と跳馬で「シライ1」から「シライ3」まで合計6つの技に、リオ・オリンピックなどで活躍している白井健三選手の名前がつけられています。昔から、たくさんの技に日本選手や海外の選手の名前がつけられてきました。たとえば鉄棒の技「ツカハラ」（後方かかえこみ2回宙返り1回ひねり下り）はムーンサルト（月面宙返り）ともよばれ、1970年代に活躍した塚原光男選手の名がつけられたものです。

体操の採点 AからHまで

体操の採点は、AからH（一部種目でI難度）まで8つ、ま

3章　スポーツを追求する

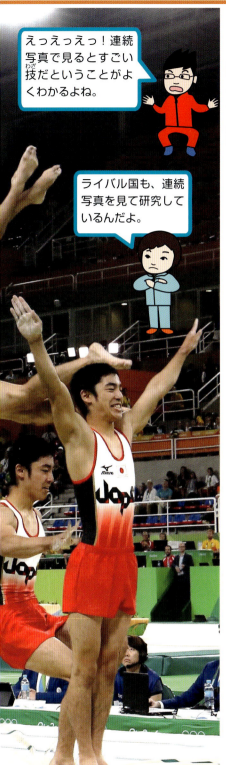

えっえっえっ！連続写真で見るとすごい技だということがよくわかるよね。

ライバル国も、連続写真を見て研究しているんだよ。

◀リオデジャネイロ・オリンピックの体操種目別決勝男子跳馬で白井健三選手は「伸身ユルチェンコ3回半ひねり」を成功させました（2016年8月）。国際体操連盟はこれを新技と認定し、跳馬の「シライ2」と命名しました。

写真：毎日新聞社

ウルトラC

1964年東京オリンピック当時は、難度がAからCの3段階でした。山下治広選手は、跳馬で、自分のもつC難度の技「ヤマシタ」（屈伸倒立転回跳び）にひねりを加えた「新ヤマシタ」で優勝しました。C以上の難度を、NHKのアナウンサーが「ウルトラC」と実況し、これがのちに「ウルトラマン」など特撮映画のネーミングのもとになりました。

なるように工夫されています。
　毎年のように高度な技が発明されるので、数年ごとに得点基準の見直しをします。古い技の価値（得点）はだんだん低くなり、総得点も10点満点から、点数の上限をなくした加算方式に変わり、新しい技にも対応するようになりました。

フィギュアの語源は「図形」

　フィギュアスケートも進化の激しい競技です。いまや男子では4回転ジャンプが当たり前、女子でも3回転半の時代に入りました。次は「4回転＋3回転の連続ジャンプ」などのコンビネーションが勝敗の分かれ目になりそうです。
　近年、フィギュアスケートそのものの姿は、大きく変わってきています。もともとは、氷の上に図形（フィギュア）を描くスポーツで、図形を描くコンパルソリー（規定）とフリー演技の2つに分かれていました。
　コンパルソリーが1990（平成2）年に廃止され、ジャンプなどの課題を組みこんだ規定のショートプログラム（1973年から導入）と、フリー演技の2本立てになりました。フィギュアスケートは語源の「図形」ではなく、ジャンプやスピン、ステップなどの「技」の難度と演技の芸術性を競うスポーツになりました。

フィギュアスケートの採点

　当然、技と芸術性のどちらを優先するのか、それぞれどのように成績をつけるのかが問題になります。ルール（採点方式）の変化で順位も変わるため、練習方法や演技の構成も変わりました。2002（平成14）年のソルトレークシティー冬季オリンピックでは、ペアのフリー演技の判定をめぐって不正疑惑があり、決勝の4日後に2位が1位にくり上がり、両者優勝となるスキャンダルもありました。
　現在、ジャンプやスピンなど、それぞれの技の難度を数値化したうえ、「できばえ点」や「演技後半の加点」の項目を加えています。だれが判定しても大幅なちがいが出ないように、客観的な採点方法をめざしているのです。

たは9つに難度（むずかしさ）が分かれています。宙返り1回のシライ2は「F難度」、シライ3は「H難度」と、成功した場合の得点に差がつきます。このように、体操の一連の流れのなかの演技は細分化・数値化され、判定で議論の余地が少なく

31

技の追求

勝つための技術の追求

スポーツの「技」には、身体を使う「スキル（技術）」と、頭を使う「戦術（作戦）」があります。スポーツは対戦相手との「かけひき」が大切です。相手があっとおどろくような作戦が試合前に準備できていれば、半分は勝ったようなものです。しかし、それもすぐに研究され、まねされるので、つねに研究を続けなければ勝ち続けることはできません。

回転レシーブ

肩から前に倒れながらボールをレシーブして、身体を1回転させて立ちます。レシーブ後の体勢をすばやく整えることができます。

時間差攻撃

1番は、おとりのジャンプをします。セッターの2番は、1番に打たせるようなトスをあげると見せかけました。相手のブロックは、1番のジャンプにひっかかりました。

セッターは、1番の後ろから回りこんだ10番にトスをあげました。10番は、相手のノーマークでスパイクが打てるようになりました。

バレーボール革命を起こした日本チーム

1960年代から1970年代前半、日本のバレーボールは世界があっとおどろく「革命」を起こしました。

女子チームは、柔道の受け身をヒントにあみだした守備の技術、「回転レシーブ」が有名です。日本代表女子チームは、1964（昭和39）年からのオリンピック4大会で優勝2回、準優勝2回という成績でした。

1972年のミュンヘン・オリンピックで優勝した男子チームは、松平康隆監督のもとで、外国選手との体格の差をおぎなうため、スピードをいかしたコンビネーションプレーをつくり上げ世界中に大きな衝撃をあたえました。

それまでは、高くトスしたボールを力まかせにたたく「スパイク」が攻撃の中心でしたが、トスしたボールが上がりきる前に打つ「クイック」、クイックと見せかけて別の選手がアタックする「時間差攻撃」など、現代のバレーボールで使われているプレーの多くは、この時期の日本チームが考え出したものです。190cm前後の大男たちに、フライングレシーブ（ボールに

3章 スポーツを追求する

飛びつくようにして空中でレシーブすること）など機敏な動きは無理だという意見もありましたが、松平監督と選手たちは「工夫しだいで不可能も可能になる」ことを証明しました。

残念ながら日本の「バレーボール革命」は、すぐに外国チームに研究され、まねされるようになりました。日本男子チームは、1980年以降は思うような成績をあげられずにいます。

野球の変化球

野球で変化球が初めて使われたのは1867年と、アメリカの記録にあります。投げたのはキャンディ・カミングス投手。当時は科学者から「ありえない」といわれ、インチキをしたのではないかと疑われたそうです。

カミングスが投げたのはカーブでした。ボールの回転と空気の摩擦を利用して、ボールのコースを曲げるものです。当時のキャッチャーは、ホームベースから6mほどはなれていたのですが、変化球の出現で、現在のようにベースのすぐ後ろでかまえるようになりました。

それ以来、150年ほどのあいだに、数えきれない種類の変化球が編み出されました。以前はカーブのような大きな変化で空振りをねらいましたが、最近はバットの芯をはずしてゴロに打ち取るのが効率的だと考えられています。バッターの手元でするどく変化するカットボール、球速の速い変化球のフォーシーム、ツーシームなどです。

黒田博樹投手らの投げる、日本でシュートとよんでいた変化球は、大リーグでもそのまま「シュート（Shuuto）」とよばれています。「リバース・スライダー（逆スライダー）」より変化がするどいので、新種の変化球と意識されているようです。

サッカーのフェイント

「フェイント」は「○○のふりをする」という意味で、スピードの変化や急な方向転換で相手選手の意表をつくことです。

「クライフターン」は、けると見せかけてボールを立ち足のうしろを通して方向転換するフェイント。オランダのクライフという名選手の名前がついています。クライフターンから、さらに自分の身体を回転させてぬき去るフェイントを、「マルセイユルーレット」といいます。これを得意とするフランスのジダン選手がマルセイユ市の出身だったので、こうよばれました。

サッカーは相手のある競技ですから、試合で使える技でなければ意味がありません。サッカーのスキル（技術）では、ボールを扱うテクニックだけでなく、そのテクニックをいつどこで使うのが味方チームのためになるかを、見きわめる判断力がもとめられます。

世界がおどろいた背面跳び

陸上の走り高跳びは、現在ではほとんどの選手が「背面跳び」です。1968（昭和43）年のメキシコ・オリンピックで、ディック・フォスベリー選手（アメリカ）が、背面跳びで2m24cmのオリンピック新記録を出して優勝し、世界をおどろかせました。欧米ではこの跳び方を「フォスベリーフロップ」とよびます。背面跳びは、安全のため、バーの向こうにスポンジマットをしくようになったことから生まれた技です。それまでは、正面跳びやベリーロールなど、砂場に足から着地するジャンプばかりでした。

フォスベリー選手は、自分の跳び方が世界の陸上界に影響をあたえるとは想像もしなかったといいます。正面跳びの延長線上で身体の角度を倒していくうちに、背面跳びにたどり着いたそうです。一見あぶない跳び方ですが、次のオリンピックでは背面跳びの選手が多くなり、すぐに世界中に広まりました。

マルセイユルーレット

利き足でボールを引いて、体を回しながら、逆の足でボールを引き、また利き足に持って行きます。日本のJリーグでも中村俊輔選手などがこの技を使うことがあります。

スポーツ道具の歴史

日本の町工場で生まれる技術

日本の町工場は、世界的に見ても「精密加工技術」で定評があります。スポーツの分野でも、「日本の町工場で生まれた製品や技術がさまざまなところで大活躍しています。

重心の微妙な調整が記録を左右

　オリンピックの砲丸投げ、ハンマー投げの砲丸とハンマーは、競技の当日、5社ほどの公認メーカーの製品から各選手が選んで使用します。「マイ砲丸（ハンマー）」を使わない、いちばんの目的は、不正を防止するためですが、重心の微妙な調整が正確にできている砲丸やハンマーの製品をつくることが簡単ではないということでもあります。

砲丸は埼玉県の町工場から

　最近まで埼玉県富士見市にあった辻谷工業は、陸上競技用砲丸の世界的メーカーでした。1996（平成8）年のアトランタ大会から2000年のシドニー、04年のアテネとオリンピック3大会連続で、辻谷工業が製造した砲丸が、金・銀・銅のメダルを独占しました。

　辻谷工業が砲丸づくりを始めた1968（昭和43）年当時は、陸上競技界でも「7260gより軽くなければオーケー」という、おおざっぱな時代でした。その後、製造する季節によって、鋳物の材料の混ざり具合、重心のズレなど、砲丸に差が生まれることがわかってきました。

　NC旋盤など最新式の工作機械で削りだしても、競技用の要求をみたす砲丸ができません。鉄をどろどろに溶かして固める鋳物の段階から、砲丸専用の工程をつくる必要性がありました。

　20年ほど試行錯誤して、重心の誤差を最小限におさめることに成功、1980年代にようやくオリンピックなど国際競技会で認められました。

　辻谷工業の技術は、日本のものづくりの優秀さを教えてくれるものでした。

ハンマーは千葉県の工場から

　2004（平成16）年のアテネ・オリンピックで室伏広治選手が金メダルを獲得したときに使用し

▶日本製のハンマーを使って、アテネ・オリンピックで金メダルを獲得した室伏広治選手（2004年）。

写真：産経ビジュアル

3章 スポーツを追求する

写真:産経ビジュアル

日本のモノづくりの技術はすばらしいね。ほかにも日本製のスポーツ用品があるか調べてみよう。

▼リオデジャネイロ・オリンピック・パラリンピックで使われた卓球台。日本の会社がつくったものです。

▲東京都大田区の多くの工場が技術を集約してボブスレー競技のそりを開発しました。「下町ボブスレー」の愛称で注目されています。

写真:三英

ていたハンマーも日本製でした。アテネ以降、オリンピックや世界陸上の決勝通過選手の多くが、ニシ・スポーツ社の千葉県船橋工場が製造する日本製のハンマーを使用しています。

重心が正確に中心にくることを要求される砲丸とは異なり、投擲用ハンマーは規定ぎりぎりまで重心が外側にくるようにつくられます。そのほうが「飛ぶ」のだといいます。

あらかじめ中空に鋳造したハンマーを削り、形を整えたあと、鉄よりも重い鉛とタングステンという金属を封入します。金属の割合やバランスの取り方は「企業秘密」だそうです。

ワールドカップのホイッスルも日本製

サッカー・ワールドカップの1982（昭和57）年スペイン大会から2014（平成26）年ブラジル大会まで、ほとんどの試合で、日本製のホイッスルが使用されていたのを知っていますか？

東京都葛飾区亀有にあった野田鶴声社という町工場の製品で、ヨーロッパではサッカーだけでなく、ラグビー・ワールドカップの審判やフランス政府（警察官用）でも使われていました。もともとハーモニカなど玩具楽器の会社で、1968年からスポーツ用ホイッスルの製造をはじめ、74年のヨーロッパ・スポーツ用品見本市に出品したところ音の美しさと丈夫さが評判になりました。78年からドイツ・ブンデスリーガで採用、82年からは国際サッカー連盟がワールドカップでの審判用に採用しました。日本ではJリーグ開幕とともに「逆輸入」の形で有名になりました。

残念ながら、後継者不足で2016年に野田鶴声社は廃業となりましたが、いまでもなつかしむ人の多い歴史に残る「名ホイッスル」でした。

オリンピック・パラリンピックの卓球台

2016（平成28）年リオ・オリンピック・パラリンピックの卓球台は、日本の三英という会社の製品でした。

ゆがみがないことはもちろん、卓球台の「脚」の存在を意識せずに試合に集中できるすぐれたデザイン性・機能性が、車いす選手もふくめた選手から評価され、観客からは躍動感あふれるように見えるデザインが喜ばれました。脚部には東日本大震災の被災地、岩手県宮古市のブナ材が使われ、地元を励ます心くばりも注目されました。

リオの現地までスタッフを送りこみ、微妙なバランスの調整などを行ったアフターケアの姿勢も、ブラジルの関係者から絶賛されました。オリンピック・パラリンピックの公式卓球台になるのは、1992年のバルセロナにつづいて2回目でした。

三英の卓球台は、2020年東京オリンピックでも採用されることが決定しており、日本代表選手からも「三英なら安心してプレーできる」と喜ばれています。

35

スポーツ道具の歴史

シューズやウエア、ボールの変化

近代スポーツの歴史は、スポーツ用具の歴史でもあります。シューズやウエア、用具の進歩・開発によって、スポーツの記録は飛躍的に伸びました。スポーツがイギリスのパブリックスクールではじまった19世紀なかばごろ、ボール以外は、スポーツ専用のシューズやウエアなどはありませんでした。

シューズの軽量化

最近のランニングシューズは、片足で180g程度にまで軽量化が進んでいます。約50年前に開催された東京オリンピックのころのシューズは、片足300gから400gでした。いまは重さが半分程度になっています。

昔のランニングシューズと比べて、ずいぶん軽くなってるね。

軽さと丈夫さ（耐久性）やクッション性などを両立せるのは、簡単ではありませんでした。動物の皮でつくられた重い靴から軽い布製の靴へ、さらに合成繊維やプラスチック採用の靴まで、シューズの進化は科学（化学）技術の発展による新素材開発を待つことになります。スポーツ用具の開発は、近代工業の発展と結びついているのです。

スポーツ専用シューズの誕生

世界で初めて「スポーツ専用」のシューズがつくられたのは、1895（明治28）年、アメリカ・リーボック社の陸上用スパイクシューズだとされています。その後、1910年ごろコンバース社が布製のバスケットボールシューズを発売しました。いまの「スニーカー」の元祖です。

一方、ヨーロッパでは、「靴といえば皮」の考え方が根強く、長いあいだスポーツ用の軽いシューズはつくられませんでした。

第二次世界大戦までのサッカーは、足首までの日常生活用のブーツ、または底に皮のスタッド（突起）をはりつけたブーツでボールをけっていました。片足で500g、雨でぬれると倍の重さになる、ひどいものでした。イギリスで現在もサッカーシューズのことを「ブーツ（長靴）」とよんでいるのは、19世紀から20世紀初めにかけてブーツでサッカーをやっていたころの名ごりです。

1954（昭和29）年のワールドカップ・スイス大会で、ドイツの靴屋アドルフ・ダスラー（アディダス）が開発した「取り替え式スタッド」のシューズをはいたドイツ代表が、泥だらけのグラウンドで当時最強だったハンガリーに勝って、初優勝しました。このころから「スポーツ専用シューズ」に注目が集まり、開発がはじまりました。

雨でぐちょぐちょのグラウンド。昔の重たいシューズでサッカーをするのは大変だな。ボールも重たいよ。

こっちは、サッカーシューズの底に、スタッドがついているから、すべらないよ。

3章　スポーツを追求する

▲多くのスポーツウエアに使われているメッシュ素材。
写真:PIXTA

▼18枚の牛の皮でつくられた昔のボール。
写真:PIXTA

▼2018年に行われるロシア・ワールドカップの公式球「テルスター18」。
写真:adidas

軽くなって、通気性も進むスポーツウエア

　40年ほど前まで、サッカーのユニフォームは毛糸のセーターみたいなものでした。運動着を「ジャージ」とよぶのは、イギリス領ジャージー島の名産の毛のニットがスポーツで使われた名ごりです。ラグビーでは、ユニフォームのことをジャージとよんでいます。

　1980年代から「夏すずしく、冬あたたかい」素材が開発され、ぬれても重たくならないハイテク繊維が、スポーツ界にも応用されるようになりました。メッシュ素材と組み合わせたことで、サッカーのユニフォームは革命的に軽くなり、通気性も良くなりました。ハイテク素材は、フィルム状のパネル、断面が十字形の繊維、中空構造の繊維などさまざまですが、目的は「汗の吸収と発散の良さ（速乾性）」です。

　この分野の発展で恩恵を受けたのは、登山やヨットなどのアウトドア系スポーツです。雪山で遭難して雨や汗でぬれても、体温低下をふせぐハイテク素材の下着のおかげで、文字通り「命びろい」した人がたくさんいます。

豚の膀胱から「ぶれ球」までサッカーボールの変化

　長いあいだ豚の膀胱を牛の皮でつつんだボールが、フットボールや、それがもとになってつくられた様々な球技で使われてきました。18世紀なかば、天然ゴムが登場して豚の膀胱にかわる素材として使われはじめると、数年のうちに一気に広がりました。そして約100年のあいだ、基本構造に変化のないまま、サッカー界では12枚または18枚の牛の皮のパネルで外をつつんだボールがつくられ、色は茶色かオレンジでした。このころは、職人がていねいにボールをつくっても、出来上がりはばらつきが多いものでした。

　1930（昭和5）年にウルグアイで行われた第1回ワールドカップの決勝は、ウルグアイ対アルゼンチンでした。前半はアルゼンチンが持参した軽いボールで行い、アルゼンチンが2-1でリードしました。後半はウルグアイ製の重たいボールで試合をしました。後半はウルグアイが3-0。結果はウルグアイが4-2での逆転勝ちとなりました。ボールのちがいが、勝敗に影響したのかもしれません。

　サッカーボールの大きな変化には、1960年代のテレビの普及も関係し、見ばえのよい「32枚皮白黒カメの子型パネル」のボールが登場します。1970年のワールドカップ・メキシコ大会で、このデザインの「テルスター」（アディダス）と名付けられたボールが公式球として採用されました。

　その後、1986年から天然の牛皮だけでなく人工皮革も採用され、雨でも重くならないボールの製作が可能になりました。2006（平成18）年からは「手縫い」に加えて「熱圧着（サーマルボンディング）」による完全防水のボールが完成し、思わぬ副産物が生まれました。それまでと比較にならないほど「真球」に近い形状になったことで、ボールが飛びやすくなったのです。さらに、無回転でけることで、どこに跳ぶかわからない「ぶれ球」が可能になり、ぶれ球のフリーキックでゴールをねらう選手も出てきました。

スポーツを支える人々
大所帯で動く日本代表

スポーツは、選手だけでできるものではありません。監督・コーチをはじめとするチームのスタッフや医療関係者、広報・メディア、大会の裏方さんなど、さまざまな人びとに支えられて、なりたっているのです。

40人の大所帯―サッカー日本代表

　サッカー日本代表チーム（男子）は、選手23人のほか、監督・コーチなどのスタッフあわせて40人をこえる大所帯です。ワールドカップやアジアカップなどの大会では1か月以上もの長いあいだ、共同生活をおくるのです。

　2017（平成29）年11月のヨーロッパ遠征（対ブラジル、対ベルギー）では、監督・コーチなどスタッフが25人となり、選手（24人）よりも多くなりました。

　団長（西野朗技術委員長）、ハリルホジッチ監督のほか、コーチ（ヘッドコーチ、フィジカルコーチ、コンディショニングコーチ、GKコーチなど）6人、テクニカルスタッフ（試合内容を分析）、ドクター、アスレティックトレーナー（マッサージなど治療）で4人、通訳3人、総務（マネージャー）3人、メディアオフィサー（広報）2人、キットスタッフ（用具）2人、シェフ（調理）1人、ロジスティック（宿泊輸送）1人、セキュリティ1人が、そのメンバーでした。このようにたくさんのスタッフがかかわって、日本代表の海外遠征は行われるのです。

深夜から営業開始―代表治療院

　サッカー日本代表は、夜7時20分から試合がある日は、試合後、宿舎のホテルに帰るのが11時過ぎ、夕食が終わるのが深夜12時前ごろです。

　アスレティックトレーナーたちスタッフは、それからが「営業本番」。練習や試合での負傷の治療、疲労回復のためのケアがはじまります。

　選手たちは、あらかじめ夕食時などに「予約」を申しこんでおき、順番に「治療室」に行きます。通常のホテルの部屋に、医療用ベッドを持ちこんでセッティングした「簡易マッサージルーム」のような治療室が、1部屋から2部屋用意されます。

　試合が激しかったりして「混雑する日」は、未明の午前3時ごろまでケアが続きます。選手たちに、今日は受け付け終了だから明日来てください、なんていえません。片付けをして明け方4時、ほとんど寝る間もなく、朝8時からは次の日の打ち合わせがあり忙しい日が続きます。

　日本代表のアスレティックトレーナーたちは、「マッサージ師」「鍼灸師（はり治療）」などの国家資格・免許を持っています。アスレティックトレーナーという肩書きは国家資格ではなく、日本スポーツ協会の発行です。選手たちはリラックスした気持ちで、監督やコーチなどにはいいにくい問題をトレーナーさんに話したりするので、貴重な「本音の場」にもなっています（あとで間接的に監督に伝わることが多い）。

◀サッカー日本代表の海外遠征には、選手やコーチのほかにスタッフも数多く帯同します。写真は2011年7月、ワールドカップ・ドイツ大会の決勝アメリカ戦で、延長戦前に円陣を組むサッカー女子日本代表です。

写真:Mike Hewitt - FIFA/gettyimages

3章　スポーツを追求する

スポーツ選手を支える仕事の例

①芝生管理者（公園管理課、スポーツ施設管理会社、園芸店／専門学校など）
②管理栄養士（各チーム・クラブ／専門課程のある大学、専門学校）
③スポーツ新聞、テレビ中継など報道関係者（マスコミ／大学、専門学校など）
④アスレティックトレーナー
　（各チーム・クラブ／専門学校など。マッサージ、整体など各種資格が必要）
⑤理学療法士（選手の治療・リハビリ）（病院など／養成課程のある大学、専門学校）
⑥教員（スポーツ指導者）
　（学校・スポーツクラブ／大学など）
⑦スポーツ道具の開発者（スポーツ用品メーカー／理工系大学、高専など）
⑧スポーツビジネス・チーム経営
　（スポーツ業界・広告業界など／大学の経済・経営系学部）
⑨カメラマン（新聞社・雑誌社、フリーランス／専門学校など）
⑩通訳（各チーム・クラブ、
　フリーランス／大学、
　専門学校など）
（　）内は所属や望ましい学歴

スタッフ全員にグローブを贈った青木選手

　プロ野球の青木宣親選手は、2012（平成24）年にアメリカ大リーグに移籍したとき、ヤクルト球団のスタッフ43人全員に、特製グラブを贈り、感謝の気持ちをあらわしました。
　ブルワーズのカラーの金の縁取り・紺色のグローブが、2軍の打撃投手やブルペン捕手、トレーナー、通訳、用具担当、広報まで全員に贈られました。投手用、内野手用、外野手用、キャッチャー用と守備位置別に異なったモデルを贈っただけでなく、それぞれの名前をネーム刺しゅうする心くばり。総額は110万円ともいわれました。
　青木選手は「8年間陰ながら支えていただきありがとうございました。みなさんの力なくして技術、精神の向上はなかったと思います。長いシーズンいろいろなことがあると思いますが、スワローズのサポートをよろしくお願いします」と感謝の気持ちをのべています。
　プロスポーツ選手は、自分の活躍が「裏方」とよばれる人たちをふくめた多くの人に支えられた結果であることを、知っているのです。

＊青木選手は2018年2月ヤクルト球団に復帰しました。

スポーツと環境・バリアフリー

スポーツ遺産を今後どう使うか？

いま、オリンピックやワールドカップなどの大きな大会を開催した後の、新設・整備された大会施設の有効利用が課題になっています。のこされた施設がじょうずに利用されず、大きな負担になっているからです。スタジアムとして使うだけでなく、公園など別の形の施設に改修するなど、あとからふり返って「ああ、あの時、大会を開催してよかったな！」と思えるようなら、すばらしいのですが、現実は――？

傾斜がきついため、車いすでの上り下りがむずかしいマラカナンスタジアム正面前のスロープ（リオデジャネイロ）。
写真：毎日新聞社

リオ・オリンピック会場施設のその後

2016（平成28）年にオリンピックが開催されたリオデジャネイロ（ブラジル）では、大会本番はなんとか「成功」にこぎつけたものの、一部の競技施設がはやくも「廃墟」になるなど、関係者をがっかりさせています。

中心会場だったマラカナンスタジアムは、かつてサッカーワールドカップの決勝会場になるなど歴史と伝統のある建物です。オリンピックでは、運営会社からオリンピック組織委員会に貸し出されましたが、「もとのようにもどして返却」という約束が守られず、運営会社は大会後の受け取りを拒否。スタジアムは管理者がいなくなり、のらネコがすみつき、客席シートがぬすまれるなど、数か月で「廃墟」のようになったと報じられました。

また、スタジアム周辺の階段状の通路は、オリンピックにあわせて障がい者に配慮する「バリアフリー」のスロープに改修されましたが、傾斜が急すぎて見せかけの改修だったと批判されました。

リオ市内も、観光客が行きそうな10か所程度に手が加えられただけで、町の実情は変わらないか、前より悪くなっているという批判もあります。

地元の活性化か、「廃墟」化か

過去に行われたオリンピック会場跡地を見てみましょう。2000（平成12）年のシドニー大会の施設は、市民が通勤や通学の行き帰りに気軽にスポーツが楽しめる施設としてのこされました。また、2012年のロンドン大会では、地域再開発など都市計画と組み合わせて施設などが新設や整備され、オリンピック後も地域経済が活性化するなどしています。これらはスポーツ遺産として成功した例です。

一方、ギリシャでは、2004年のアテネ・オリンピックの施設が荒れ放題と報道され、とくに地元でなじみのない野球やビーチバレー会場は大会後は利用されず手入れもされないままです。

2008年の北京オリンピックで奇抜なデザインで話題になったメインスタジアム（通称「鳥の巣」）も、大会後はコンサートやサッカーの国際試合でたまに使われるものの、維持費は年間1億円以上もかかるそうです。建設費（約500億円）を払い終わるのが30年後。市内中心部から15kmも離れているため、市民が日常的にスポーツ観戦を楽しめるスタジアムになってないと批判されています。

3章　スポーツを追求する

2020年の東京オリンピック・パラリンピックで新しく建設されたり改修されたりするスタジアムや競技施設は、開催した後もうまく活用されるのでしょうか。

大会施設で、わたしたちもスポーツを楽しみたいね。

大会を成功させることも大事だけど、その後のことも考えなければならないね。

冬季オリンピックの開催はむずかしい？

立候補辞退相次ぐ冬季オリンピック

冬季オリンピックは、自然保護や大会運営などの問題から、夏のオリンピック以上に開催がむずかしくなってきています。

2018（平成30）年の平昌大会（韓国）以降は、つぎの2022年北京大会までしか開催地が決まっていません。夏季大会（2024年パリ、2028年ロサンゼルス）のように2大会先まで同時に決定する予定でしたが、北京以外に立候補した都市がなく（カザフスタンのアルマトイは基準不足と認定）、決定できなかったのです。

2022年冬季オリンピックは、2013年までにストックホルム（スウェーデン）、クラクフ（ポーランド）、リヴィウ（ウクライナ）、オスロ（ノルウェー）などが正式に立候補を表明、ほかにもヨーロッパや北アメリカのいくつかの都市が立候補を検討していました。ところが地元での国民投票などで反対派が多数を占めるなど、いずれも立候補取り下げ・辞退に追いこまれました（夏季大会もブダペストやローマなどが立候補を取り下げています）。

お金がかかりすぎるオリンピック

立候補取り下げの理由は、自然保護や経済問題などさまざまでしたが、中心の議論は、「たった10日間（夏季は2週間）の大会開催にしては、お金がかかりすぎる」ということでした。2014（平成26）年にロシアが国家ぐるみで開催したソチ・オリンピックが当初の予算を数倍上まわる大赤字だったこと、2016年のリオ・オリンピック（夏季大会）が150億ドル（約1兆8000億円）の建設費を支払うメドがたっていないことなどの現状からも、今後、オリンピックに積極的に立候補する都市（国）が増えることは考えられません。

札幌オリンピックの「森林破壊」

1972（昭和47）年の札幌オリンピックでは、ほとんどの会場が手稲山など札幌市内におかれました。唯一スキーの滑降だけは、手稲山では標高差の基準をみたさなかったため、札幌市街の千歳市・恵庭市の「恵庭岳」の森林29ヘクタールを伐採して、コースが新設されました。オリンピック後に植林をするなど、原状回復をする条件で伐採が認められたものでしたが、国立公園内であったことから、自然破壊ではないかという議論が起き、社会問題になりました。40年以上たったいまでも原状回復は完全にはできていません。オリンピックと自然保護の関係を問い直す「事件」として記憶されています。

長野オリンピックのコース設定問題

1998（平成10）年の長野オリンピックでは、滑降のコース設定が問題になりました。国際スキー連盟（FIS）の要求通りにスタート位置を引きあげた場合、国立公園の一部を横切ることになるとして、地元や組織委員会は要求を拒否しました。結局、国立公園内はジャンプして横切る折衷案が採用されたものの、転倒者が続出する難コースとなり、大会運営的には成功とはいえませんでした。

写真：毎日新聞社
▲恵庭岳(1320m)の西側の尾根を切り開いて作られた札幌オリンピックの滑降コース(1970年撮影)。

41

J1・J2リーグとプロ野球のホームスタジアム

プロ野球12球団の本拠地

セントラル・リーグ

図中番号	球団名	本拠地	球場名	観客定員数
❶	読売ジャイアンツ	東京都	東京ドーム	46,000人
❷	東京ヤクルトスワローズ	東京都	明治神宮野球場	31,823人
❸	横浜 DeNA ベイスターズ	神奈川県	横浜スタジアム	30,000人
❹	中日ドラゴンズ	愛知県	ナゴヤドーム	38,414人
❺	阪神タイガース	兵庫県	阪神甲子園球場	47,508人
❻	広島東洋カープ	広島県	MAZDA Zoom Zoom スタジアム広島	33,000人

パシフィック・リーグ

図中番号	球団名	本拠地	球場名	観客定員数
❶	北海道日本ハムファイターズ	北海道	札幌ドーム	42,270人
❷	東北楽天ゴールデンイーグルス	宮城県	楽天生命パーク宮城	30,508人
❸	埼玉西武ライオンズ	埼玉県	メットライフドーム	33,556人
❹	千葉ロッテマリーンズ	千葉県	ZOZOマリンスタジアム	30,119人
❺	オリックス・バファローズ	大阪府	京セラドーム大阪	36,154人
❻	福岡ソフトバンクホークス	福岡県	福岡ヤフオクドーム	38,585人

新潟県
J2 アルビレックス新潟 1999-03,18-
デンカビッグスワンスタジアム（新潟市）

長野県
J2 松本山雅FC 2012-14,16-
松本平広域公園総合球技場
（松本市）

石川県
J2 ツエーゲン金沢 2015-
石川県西部緑地公園陸上競技場（金沢市）

岐阜県
J2 FC岐阜 2008-
岐阜メモリアルセンター長良川競技場
（岐阜市）

京都府
J2 京都サンガ F.C. 2001,04-05,07,11-
京都市西京極総合運動公園陸上競技場
兼球技場（京都市）

岡山県
J2 ファジアーノ岡山 2009-
シティライトスタジアム（岡山市）

広島県
J1 サンフレッチェ広島 1993-2002,04-07,09-
エディオンスタジアム広島（広島市）

山口県
J2 レノファ山口FC 2016-
維新みらいふスタジアム（山口市）

福岡県
J2 アビスパ福岡 2002-05,07-10,12-15,17-
レベルファイブスタジアム（福岡市）

大阪府
J1 ガンバ大阪 1993-12,14
パナソニックスタジアム吹田（吹田市）
J1 セレッソ大阪 1995-2001,03-06,10-14,17-
ヤンマースタジアム長居（大阪市）

兵庫県
J1 ヴィッセル神戸 1997-2005,07-12,14-
ノエビアスタジアム神戸（神戸市）

佐賀県
J1 サガン鳥栖 2012-
ベストアメニティスタジアム（鳥栖市）

長崎県
J1 V・ファーレン長崎 2018-
トランスコスモススタジアム長崎
（諫早市）

香川県
J2 カマタマーレ讃岐 2014-
Pikaraスタジアム
（丸亀市）

愛媛県
J2 愛媛FC 2006-
ニンジニアスタジアム（松山市）

熊本県
J2 ロアッソ熊本 2008-
えがお健康スタジアム
（熊本市）

徳島県
J2 徳島ヴォルティス 2005-13,15-
鳴門・大塚スポーツパークポカリスエ
ットスタジアム（鳴門市）

大分県
J2 大分トリニータ 1999-2002,10-12,14-15,17-
大分銀行ドーム（大分市）

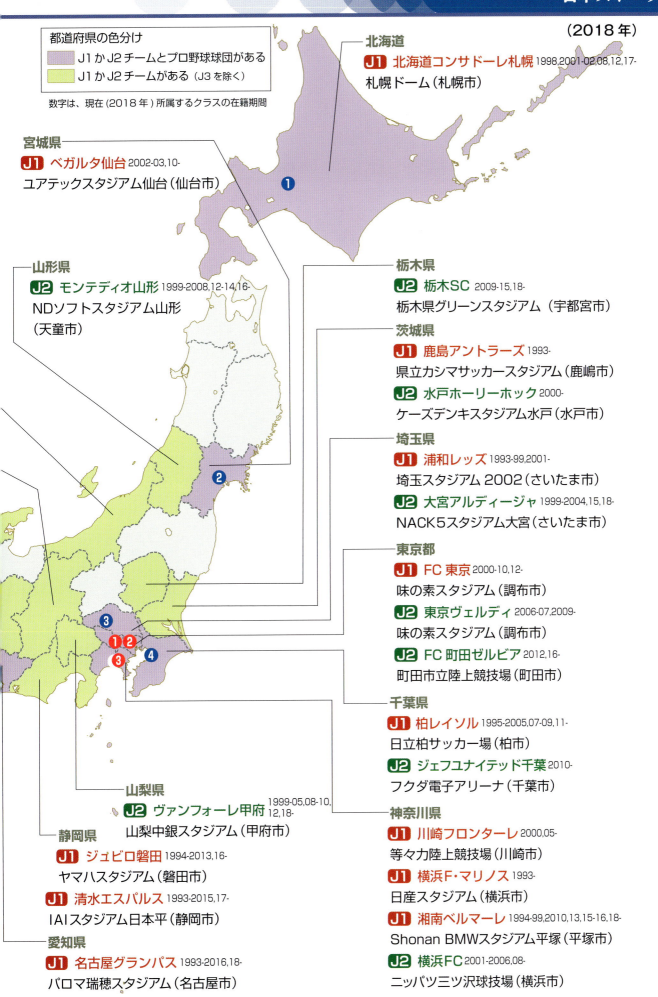

おもなスポーツ大会・スポーツ自慢のまち

凡例
- スポーツの大会
- スポーツ施設
- スポーツの盛んな町
- スポーツ遺産

🏀 Bリーグクラブのある都道府県 B1 B2

⛸ アジアリーグアイスホッケーチームのある都道府県

❶ 1946 青丸数字と青数字は国民体育大会の回数と年（日本体育協会資料による）

＊略称もあり

富山県
ハンドボールの町（氷見市）

石川県
松井秀喜ベースボールミュージアム（能美市）
ソフトテニスの町（能登町）

滋賀県
びわ湖毎日マラソン大会（大津市など）
びわ湖一周サイクリングロード（大津市など）
栗東トレーニングセンター（栗東市／競走馬育成）

福井県
福井県営陸上競技場（福井市／桐生選手9.98秒を記録）

京都府
全国都道府県対抗女子駅伝競走大会（京都市）
全国高等学校駅伝競走大会（京都市）
武道センター（京都市／剣道など）

大阪府
大阪国際女子マラソン（大阪市など）
大相撲3月場所（大阪市）
花園ラグビー場（東大阪市）
長居陸上競技場（大阪市）
高校野球発祥の地碑（豊中市）

兵庫県
甲子園球場（西宮市／高校野球など）

鳥取県
全国トライアスロン皆生大会（米子市）

岡山県
遺跡＆スポーツミュージアム（岡山市／人見絹枝・有森裕子選手を記念）

島根県
出雲全日本大学選抜駅伝競走（出雲市）
まつえレディースハーフマラソン（松江市）

広島県
全国都道府県対抗男子駅伝競走大会（広島市〜廿日市市）
ビッグアーチ（広島市／サッカー／1992年アジアカップで日本が初優勝）

愛媛県
しまなみ海道（尾道−今治／サイクリストの聖地）
坊っちゃんスタジアム（松山市／野球）

山口県
防府読売マラソン（防府市）

福岡県
飯塚国際車いすテニス大会（飯塚市）
福岡国際マラソン選手権大会（福岡市など）
大相撲11月場所（福岡市）

佐賀県
佐賀インターナショナルバルーンフェスタ（佐賀市／熱気球）

長崎県
バドミントン伝来の地碑（長崎市）
わが国ボウリング発祥の地碑（長崎市）

熊本県
熊本城マラソン（熊本市）
九州国際スリーデーマーチ（八千代市／ウォーキング）

大分県
大分国際車いすマラソン大会（大分市）
別府大分毎日マラソン（大分市・別府市）
旧中津江村（日田市／2002年サッカーカメルーン代表キャンプ地）

宮崎県
延岡西日本マラソン（延岡市）
バレーボールの町（都城市）

鹿児島県
いぶすき菜の花マラソン（指宿市）

沖縄県
全日本トライアスロン宮古島大会（宮古島市）　ツール・ド・沖縄（名護市など／自転車競技）
ボクシングの町（那覇市、沖縄市、石垣市など）

高知県
スカッシュバレーボールの町（県内）

香川県
香川丸亀国際ハーフマラソン（丸亀市）

徳島県
吉野川ラフティングツアー（吉野川）

和歌山県
ツール・ド・熊野（県内／自転車競技）
和歌山セーリングセンター（和歌山市／ヨット）

奈良県
還暦野球の町（宇陀市）

四国アイランドリーグ plus

特別国体 1973　㊷1987

㉓⑦③ 1968, 2018
㊱ 1981
㊵ 1985
㊲ 1982
⑥㊿ 1951,96
⑰⑥⓪ 1962,2005
⑪⑯ 1956,2006
㊸ 1988
⑱㊅⑥ 1963,2011
③㊺ 1948,90
㉑㊻ 1966,2008
㉛ 1976
㉔㊽ 1969,2014
⑮㊾ 1960,99
㉞ 1979
㉗ 1972
⑧㊼ 1953,2017
❶（京阪神）
⑧㊽ 1953,93
㊿②（大阪）1946,9
⑧㊽ 1953,93
㊴
㉖⑦⓪ 1971,2015
⑧㊼ 1953,2002

日本スポーツ地図

（2018年）

北海道
ツール・ド・北海道（道内／自転車競技）　北海道マラソン（札幌市）
大倉山ジャンプ競技場（札幌市／スキージャンプ）　宮の森ジャンプ競技場（札幌市／スキージャンプ）
スタルヒン球場（旭川市／野球）　真駒内屋外競技場スケート場（札幌市）
馬事資料館（浦河町）　社台ファーム（千歳市／競走馬育成）
カーリングの町（北見市常呂町）　アイスホッケーの町（苫小牧市）　ばんえい競馬の町（帯広市）
ゲートボール発祥の地碑（芽室町）

⑨㊹
1954,89

秋田県
バスケットボールの町（能代市）
ラグビーの町（秋田市、男鹿市）

長野県
長野市オリンピック記念アリーナ（長野市）
スケートの町（諏訪市）
スキーの町（野沢温泉村）
スラックラインの町（小布施町）
ウェストン碑（松本市上高地）

山形県
全日本50km競歩高畠大会
（高畠町）

新潟県
新潟シティマラソン
（新潟市）
金谷山スキー場
（上越市）

青森県
八甲田ウォーク（青森市、十和田市ほか）
相撲の町（県内／戦後幕内力士出身地 NO.1）

岩手県
いわて銀河100kmチャレンジマラソン（北上市）
釜石市球技場（松倉グラウンド）（釜石市／ラグビーなど）

宮城県
全日本実業団対抗女子駅伝競走大会（松島町〜仙台市）
仙台国際ハーフマラソン大会（仙台市）
フェンシングの町（気仙沼市）

福島県
東日本女子駅伝（福島市）
Jヴィレッジ（楢葉町／サッカーなどのトレーニング施設）

群馬県
全日本実業団対抗駅伝競走大会（高崎市、太田市など）
スケートの町（嬬恋村）　ソフトボールの町（高崎市）

栃木県
ジャパンカップ サイクルロードレース（宇都宮市）
日光霧降アイスアリーナ（日光市／スケート、アイスホッケー）

茨城県
かすみがうらマラソン兼国際盲人マラソン（土浦市、かすみがうら市）
つくば霞ヶ浦りんりんロード（土浦市など／サイクリング）

埼玉県
日本スリーデーマーチ（東松山市など／ウォーキング）
ツール・ド・フランスさいたまクリテリウム
（さいたま市／自転車競技）
熊谷ラグビー場（熊谷市）　戸田漕艇場（戸田市／ボート）

みちのくプロレス

㉜
1977

⑯㉒
1961,2007

㉕㉛
1970,2016

⑦㊼
1952,92

⑦㊵
1952,2001

⑲㋖
1964,2009

⑦㊿
1952,95

ベースボール
チャレンジリーグ

㊳
1983

㉟
1980

㉝
1978

㉒㋝
1967,2004

㉙
1974

④⑭㋦
1949,59,2013

㊶
1986

⑫㋘
1957,2003

⑩㋝
1955,98

㉘㋞
1973,2010

千葉県
千葉マリンマラソン（千葉市）
木更津トライアスロン大会（木更津市）
ソフトテニスの町（白子町）
東京箱根間往復大学駅伝競走
（東京都千代田区〜神奈川県箱根町往復）

神奈川県
江の島ヨットハーバー（藤沢市／セーリング）
根岸競馬場跡（横浜市／競馬発祥の地）
日本庭球発祥の地碑（横浜市）

山梨県
富士登山競走（富士吉田市）
Mt.富士ヒルクライム（富士吉田市／自転車競技）

静岡県
草薙球場（静岡市／沢村とベーブ・ルース像）
サイクルスポーツセンター（伊豆市／自転車競技）

岐阜県
ぎふ清流マラソン（岐阜市）　ホッケーの町（各務原市）

愛知県
大相撲7月場所（名古屋市）
名古屋ウィメンズマラソン（名古屋市）

三重県
F1グランプリ（鈴鹿市）

東京都
大相撲 1月、5月、9月場所（墨田区）
早慶レガッタ（隅田川／ボート）
東京マラソン（新宿区など）
青梅マラソン（青梅市など）
大島レース（大島／ヨット）
講道館（文京区／柔道）
秩父宮ラグビー場（港区）　明治神宮球場（港区／野球）
後楽園ホール（文京区／ボクシング、プロレス）
新国立競技場（港区／総合）
日本武道館（千代田区／柔道、剣道など）
東京体育館（渋谷区／総合）　両国国技館（墨田区／大相撲など）
東京辰巳国際水泳場（江東区）
国立代々木競技場（渋谷区／総合）
日本サッカーミュージアム（文京区）
馬事公苑（世田谷区／馬術）
1964TOKYOマラソン折返し地点の碑（府中市）

さくいん

青字はスポーツ競技・種目名

あ

合気道(あいきどう)…………… 12

アイスホッケー ………………… 14

青木宣親(あおきのりちか)…………… 39

アシスタントレフェリー ……… 20

アスレティックトレーナー 38, 39

アソシエーション・フットボール 9

アマチュア …………………… 14

アメリカ………… 7, 10, 14, 36

アメリカンフットボール …………

……………………7, 9, 10, 14

アルティメット ………………… 21

アルフレード(ハヨシュ)…… 27

アンパイア ……………………… 20

飯島秀雄(いいじまひでお)…………… 26

e-スポーツ(イー)………… 4, 16, 17

イギリス…… 7, 8, 14, 20, 37

囲碁(いご)………… 4, 12, 16

伊調馨(いちょうかおり)…………… 29

伊東浩司(いとうこうじ)…………… 26

イングランド・フットボール協会

（ＦＡ）(エフエー)……………… 7, 8, 14

インターハイ(高校総体)…… 16

ウエア……………………… 37

植芝盛平(うえしばもりへい)…………… 12

ウォーキング ………………… 17

ウルトラC ……………………… 31

エキデン(駅伝)(えきでん)………… 13

エジプト ………………… 6, 11

エドワーズ(ジョナサン)…… 28

Ｆ１(エフワン) ………………… 17

大相撲(おおずもう)………… 14, 20

織田幹雄(おだみきお)…………… 28

オフサイド ……………………… 18

オリンピック ……………………

6, 7, 12, 21, 22, 26, 28,
32, 34, 40

か

回転レシーブ ………………… 32

型(組み手)(かた)…………… 12

滑降(スキー)(かっこう)……… 41

我那覇和樹(がなはかずき)…………… 23

嘉納治五郎(かのうじごろう)…………… 12

カミングス(キャンディ)…… 33

空手(からて)………………… 12

カレリン(アレクサンドル)… 29

管理栄養士(かんり)…………… 39

キメット(デニス)…………… 26

9人制バレーボール(せい)………… 11

拒食症(きょしょくしょう)…………… 23

桐生祥秀(きりゅうよしひで)…………… 26

近代オリンピック …………… 6

クイック ……………………… 32

クーベルタン ………………… 7

クライフターン ……………… 33

クリケット …………………… 7

クロッケー …………………… 13

ケイリン(競輪)(けいりん)………… 13

ゲートボール ………………… 13

ゲーリックフットボール …… 9

蹴鞠(けまり)………………… 6

剣道(けんどう)……………… 13

公営競技(こうえいきょうぎ)…………… 13

講道館(こうどうかん)…………… 12

国際オリンピック委員会(こくさい)……… 7

国際サッカー連盟(れんめい)………… 35

国際スキー連盟 ……………… 41

国際レスリング連盟 ………… 29

国民体育大会(国体)…… 11, 23

古代ギリシャ ………… 6, 7, 22

コリジョンルール …………… 18

ゴルフ ………………………… 15

さ

サーマルボンディング ……… 37

採点系種目(さいてんけい)………… 21, 30

サッカー

7, 8, 15, 18, 20, 21, 23,
33, 36

サッカー日本代表チーム …… 38

札幌オリンピック(さっぽろ)………… 41

サプリメント ………………… 23

三段跳び(さんだんとび)…………… 28

Ｊリーグ ………………… 15, 23

自然保護(ほご)……………… 41

自転車競技(きょうぎ)…………… 22

篠原信一(しのはらしんいち)…………… 21

芝生管理者(しばふかんりしゃ)…………… 39

ジャージ ……………………… 37

シューズ ……………………… 36

柔道(じゅうどう)………… 12, 21

10秒の壁(びょう)(かべ)…… 26, 28

手動計時 ……………………… 26

シュローブタイド・フットボール19

将棋(しょうぎ)……………… 4, 12

ショートプログラム ………… 31

ジョギング …………………… 17

ジョンソン(ベン)…………… 22

ジョンソン(マイケル)……… 28

白井健三(しらいけんぞう)…………… 30

審判(しんぱん)…………… 20, 30

森林破壊(はかい)…………… 41

水泳(すいえい)………… 17, 26

スタッフ ……………………… 38

スパイク ……………………… 32

スポーツ遺産(いさん)…………… 40

スポーツの語源(ごげん)…………… 4

スポーツファーマシスト …… 23

スポンサー …………… 14, 15

相撲(すもう)…………… 12, 20

世界アンチ・ドーピング機構(きこう)… 22

世界陸上(世界陸上競技選手権)(きょうぎせんしゅけん)…

28, 35

摂食障害(せっしょくしょうがい)…………… 23

セミプロ ……………………… 15

全日本剣道連盟(けんどうれんめい)…………… 13

全日本なぎなた連盟 ………… 13

ソフトテニス ………………… 13

た

ダーツ ………………………… 17

体育 ……………………………… 4

体操(たいそう)………… 21, 30

大日本蹴球協会 ………………… 9

体罰(たいばつ)………………… 5

大鵬(たいほう)………………… 20

田島直人(たじまなおと)…………… 28

卓球台(たっきゅうだい)…………… 35

田部井淳子(たべいじゅんこ)…………… 16

チェス ………… 4, 16, 17

チャルマーズ(カイル)……… 27

チャレンジ制度(せいど)…………… 21

塚原光男(つかはらみつお)…………… 30

蹴鞠(ツチュ)…………………6

46

テコンドー ……………………… 12
テニス …………………15, 20, 21
テルスター ……………………… 37
電気計時 ………………… 26, 28
冬季オリンピック ………… 31, 41
東京オリンピック（1964年）　31
東京オリンピック（2020年）　41
踏査 ……………………………… 16
ドーピング ………………… 22, 28
登山 …………………16, 17, 37

な

長野オリンピック ……………… 41
なぎなた ………………………… 13
軟式テニス ……………………… 13
難度 ……………………………… 31
南部忠平 ………………………… 28
2時間の壁 ……………………… 26
2時間15分の壁 ………………… 27
日本サッカー協会 ………………9
ネイスミス（ジェームズ）…… 10
ノルディックスキー …………… 21
ノンプロ ………………………… 15

は

ハイキング ……………………… 16
ハイテク素材 …………………… 37
背面跳び ………………………… 33
ハインズ（ジム）………… 26, 28
パウエル（マイク）…………… 28
箱根駅伝 ………………………… 13
走り高跳び ……………………… 33
走り幅跳び ……………………… 28
バスケットボール …… 7, 10, 14
バリアフリー …………………… 40
バレーボール ………… 7, 11, 32
判定競技 ………………………… 21
ハンドボール …………………… 11
ハンマー（ハンマー投げ）…… 34
ビーモン（ボブ）……………… 28
ピクニック ……………………… 17
ビデオ判定 ……………………… 20
100m自由形 …………………… 27
ビリヤード ……………………… 17
フィギュアスケート ……… 21, 31

フェイント ……………………… 33
フォアボール …………………… 10
フォーメーション ……………… 19
フォスベリー（ディック）…… 33
複合競技（コンバインド）…… 21
豚の膀胱 ………………………… 37
フットボール ………… 8, 18, 20
フライングレシーブ …………… 32
フリー演技 ……………………… 31
フリークライミング …………… 16
ぶれ球 …………………………… 37
プロ（プロフェッショナル）… 14
プロ宣言 ………………………… 15
北京オリンピック ……………… 40
変化球 …………………………… 33
砲丸（砲丸投げ）……………… 34
ボール …………………………… 37
ボクシング ………………… 14, 20
ボルダリング …………………… 16
ボルト（ウサイン）……… 26, 28

ま

松平康隆 ………………………… 32
マラソン ………………17, 26, 27
マルセイユルーレット ………… 33
水着 ……………………………… 27
室伏広治 ………………………… 34
ムーンサルト（月面宙返り）… 30
メダル ………… 21, 22, 28, 34
モーガン（ウィリアム）……… 11
モブフットボール …………………8

や

野球 …………… 10, 20, 21, 33
薬物 ……………………………… 22
山下治広 ………………………… 31
ヨット …………………………… 37

ら

ラウンダーズ …………………… 10
ラグビー　7, 8, 10, 18, 20, 37
リオデジャネイロ ……………… 40
理学療法士 ……………………… 39
陸上競技 ……………26, 28, 34
ルイス（カール）……22, 26, 28

ルール …………………18, 20, 31
レクリエーション ……………… 17
レスリング ………………… 6, 29
レビシ（スタマタ）…………… 27
レフェリー ……………………… 20
連勝連覇記録 …………………… 29
ロンドン ………………………… 40

わ

ワールドカップ（サッカー）……
　　　　　　　… 35, 36, 37, 38
ワールドカップ（ラグビー）… 35
渡部暁斗 ………………………… 21

図表一覧

日本のプロスポーツ選手の数 ……………… 15
余暇活動種目 ……………………… 17
1年に1回以上やったことがあるスポーツの調査
……………………………………… 17
ドーピングをしないために！ ……………23
マラソン世界ベスト5と日本記録（男子）…27
マラソン世界ベスト5と日本記録（女子）…27
日本選手がつくったおもな水泳世界記録 …27
連勝連覇記録いろいろ …………29
スポーツ選手を支える仕事の例 …………39
【地図】J1・J2リーグとプロ野球のホームスタ
　ジアム ………………………… 42−43
【地図】おもなスポーツ大会・スポーツ自慢のまち
……………………………………… 44−45

24-25ページ
チャレンジ！スポーツクイズの答え

問題の内容は、かっこの中のページに書い
てあります。丸数字は巻数です。

問1 A （①p.4）　　問16 C （②p.44）
問2 A （①p.11）　　問17 A （③p.4）
問3 C （①p.17）　　問18 C （③p.14）
問4 B （①p.21）　　問19 B （③p.23）
問5 A （②p.9）　　問20 A （③p.26）
問6 C （②p.10）　　問21 A （③p.31）
問7 B （②p.16）　　問22 B （③p.39）
問8 B （②p.25）　　問23 A （④p.21）
問9 C （②p.26）　　問24 C （④p.6）
問10 C （②p.28）　　問25 C （④p.6）
問11 B （②p.29）　　問26 B （④p.20）
問12 C （②p.31）　　問27 A （④p.15）
問13 C （②p.36）　　問28 C （④p.37）
問14 A （②p.38）　　問29 A （④p.32）
問15 B （②p.41）　　問30 B （⑤p.4）

監修：中西哲生（なかにし・てつお）
1969年、愛知県出身。スポーツジャーナリスト、サッカー解説者。元プロサッカー選手。「サンデーモーニング」（ＴＢＳ）「中西哲生のクロノス」（TOKYO FM等JFN系列）などテレビ・ラジオで活躍中。著書に『不安定な人生を選ぶこと』『新・キックバイブル』（いずれも、幻冬舎）『日本代表がＷ杯で優勝する日』（朝日新聞出版）、共著書に『魂の叫びＪ２聖戦記』（金子達仁・戸塚啓共著、幻冬舎文庫）『ベンゲル・ノート』（戸塚啓共著、幻冬舎）など。

執筆グループ
千田 善（ちだ・ぜん）
1958年、岩手県出身。国際ジャーナリスト。イビツァ・オシム氏のサッカー日本代表監督就任にともない専任通訳を務める。著書『ユーゴ紛争』（講談社現代新書）、『ワールドカップの世界史』『オシムの伝言』（いずれも、みすず書房）、『ユーゴ紛争はなぜ長期化したか』（勁草書房）『世界に目をひらく』（岩崎書店）など。

西戸山 学（にしとやま・がく）
1951年、大分県出身。出版社勤務を経て、フリーライター。歴史・地理関係の書籍執筆。著書『行基と大仏』（岩崎書店）など。

小松卓郎（こまつ・たくお）
1961年、北海道出身。おもに歴史・スポーツ・医学・宗教関係の編集人として書籍出版多数。

デザイン
本文／柳 裕子　表紙／村口敬太（スタジオダンク）

イラスト・図版
柳 裕子　板垣真誠　木川六秀

企画・編集・制作
キックオフプラス（小松亮一　すずきしのぶ）　倉部きよたか

写真提供
カバー・表紙：大…YUTAKA/ アフロ　小…picture alliance/ アフロ
本扉：PIXTA

スポーツでひろげる国際理解
①どこでどうはじまった？ スポーツ

2018年3月　初版第1刷発行
監修者　中西哲生
発行者　水谷泰三
発行所　株式会社 文溪堂

〒112-8635　東京都文京区大塚 3-16-12
ＴＥＬ　営業（03）5976-1515　編集（03）5976-1511
ホームページ　http://www.bunkei.co.jp
印刷・製本　図書印刷株式会社
乱丁・落丁は郵送料小社負担でおとりかえいたします。定価はカバーに表示してあります。
©Tetsuo Nakanishi & BUNKEIDO Co.,Ltd　2018　Printed in Japan
ISBN978-4-7999-0256-1　NDC780　48p　293 × 215mm

スポーツのグローバリゼーションと ナショナリズムがわかると、 世界がわかる！

スポーツでひろげる国際理解 （全5巻）

監修：中西哲生（スポーツジャーナリスト）

● スポーツを多角的な視点から紹介し、その力について考えてもらうシリーズ。スポーツの歴史がまとまって解説してあり、調べ学習のテーマとしても役立ちます。

● 2018年のサッカー、2019年のラグビーの各ワールドカップ、2020年の東京オリンピック・パラリンピック…と次々と開かれるビッグイベントでの国際交流のヒントがいっぱい。

● スポーツの楽しい面はもとより、スポーツの人種差別の歴史や、現在でも問題になっているヘイト問題など、今日的な課題も取り上げ、それをスポーツの側からどうのりこえていくか…子どもたちに考えてもらう内容です。

● オリンピック・パラリンピックをはじめとするワールドイベントで、よくいわれるスポーツ＝国威発揚といったナショナリズムの問題と、それだけではおさまりきらない、最近の海外で活躍する日本人選手や外国のチームの指導をする日本人コーチ、海外留学する日本の若者などに見られる、スポーツのグローバリゼーションの側面も捉えた内容は、子どもたちの興味関心を大いに引き出します。

● パラリンピックをはじめ、知っているようで知らない障がい者スポーツのあれこれについても子どもたちにわかりやすく解説、見るだけでなく、体験することを通じてスポーツを通じたバリアフリーについても理解を深め、他人事ではなく自分の事として考えて行動する素地を養えます。

各巻構成

A4変判
各48ページ
NDC780
（スポーツ）

1 どこでどうはじまった？ スポーツ

2 差別をのりこえていくスポーツ

3 国境をこえるスポーツ

4 世界をひとつにする国際大会
　　〜オリンピック・ワールドカップなど

5 知ろう・やってみよう障がい者スポーツ